CHERYL B[...]

CUANDO UNA
Mujer
DECIDE
PERDONAR

Publicado por
Unilit
Miami, FL 33172

© 2014 Editorial Unilit (Spanish translation)
Primera edición 2014

© 2014 por Cheryl Brodersen
Originalmente publicado en inglés con el título:
When a Woman Chooses to Forgive
por Cheryl Brodersen.
Publicado por *Harvest House Publishers*
Eugene, Oregon 97402
www.harvesthousepublishers.com
Todos los derechos reservados.

Traducción: *Mayra Urízar de Ramírez*
Diseño de la cubierta: *Ximena Urra*
Fotografía de la cubierta: © 2014 Yusuf doganay, Andere Andrea Petrlik, Glyph. Usadas con permiso de Shutterstock.com.

Las historias narradas en este libro son basadas en hechos reales, pero los nombres han sido cambiados para proteger la identidad de los personajes.

Producto 495844
ISBN 0-7899-2176-6
ISBN 978-0-7899-2176-5

Impreso en Colombia
Printed in Colombia

Categoría: Vida cristiana /Vida práctica /Mujeres
Category: Christian Living /Practical Life /Women

Me gustaría dedicarle este libro a mi Padre celestial, quien nos ha perdonado cada pecado y transgresión por medio de la sangre de Jesucristo.

Gracias en especial a todos los que me confiaron sus preciosos testimonios de transformación y perdón.

También quiero expresar mi profundo aprecio a mi esposo, Brian, que me colma sin cesar de gracia y perdón.

Estoy agradecida por la maravillosa mentoría y dulce amabilidad de mi editora, Hope Lyda.

¡Que Dios sea glorificado!

CONTENIDO

CONTENIDO

LA DECISIÓN QUE CAMBIA LA VIDA

Qué maravilloso regalo de perdón es cuando se cubren mis fracasos, errores y pecados. Estoy muy agradecida por los muchos años que he vivido y caminado en la gracia de Dios. Cada vez que pienso en cómo Dios ha perdonado todos mis fracasos y errores de juicio más profundos, quiero contarle al mundo sobre el poder del perdón.

Sin embargo, ¿quiero en realidad mostrarles el verdadero perdón a los demás?

Eso es otra historia. Y admitiré que para mí es mucho más fácil recibir perdón que otorgárselo a los demás. ¿Puedes identificarte?

Al igual que muchos cristianos que conozco, batallé por años con el concepto y el proceso de perdonar a otros. A veces temía perdonar. Mi primera reacción era ponerme a la defensiva y ser lenta para ofrecer gracia. A decir verdad, pensaba que si perdonaba a la persona que me ofendía, esa misma persona obtendría ventaja sobre mí. Otras veces, me empecinaba y me aferraba a mi orgullo y no quería perdonar. No sentía que la persona que me ofendió merecía mi perdón.

En esos días en los que me esforzaba por seguir el ejemplo de Dios, decidía perdonar a una persona y, luego, algún pensamiento mío o acción de ellos me hacía volver al lugar de dolor y resistencia. Créeme, nunca estuve complacida con esta incapacidad para perdonar. Cuánto detestaba esos pensamientos obsesivos que acompañaban esos tiempos en los que me quedaba corta de lo mejor de Dios para mí. Despreciaba mis propias actitudes e irritabilidad. Es algo terrible querer hacer mejor las cosas, *ser* mejor en el aspecto de la obediencia a Dios, y después verse repetir los mismos errores y los malos comportamientos una y otra vez.

Recuerdo recurrir a Mateo 6:14-15 durante una de esas batallas. Las palabras de Jesús me impactaron de una manera diferente cuando leí: «Si ustedes perdonan a los otros sus ofensas, también su Padre celestial los perdonará a ustedes. Pero si ustedes no perdonan a los otros sus ofensas, tampoco el Padre de ustedes les perdonará sus ofensas». Para ser sincera, siempre había leído eso como una amenaza disimulada. Me había parecido como que Jesús dijera: «Será mejor que perdones a otros, ¡o vas a ver!». De repente, lo entendí. Jesús no me amenazaba, me estimulaba. Me decía: «Cheryl, si quieres sentir la seguridad bendita de que tus propios fracasos, errores y pecados son perdonados, *perdona*».

En ese momento, el perdón adquirió toda una nueva perspectiva. Me di cuenta de que el perdón es algo que hago para mi propio bienestar. Perdonar es para mi propio bien. Antes de eso creía que el perdón era para el beneficio de la otra persona. Sentía que el perdón era una carga y no una bendición.

Desde ese momento en adelante, comencé a optar por el perdón. La decisión no siempre fue fácil. Algunas veces tuve que tomar esa decisión una y otra vez en una sola conversación. Sin embargo, unos cambios maravillosos comenzaron a ocurrir en mi propia vida a medida que perdonaba. Comencé a experimentar una libertad nueva en mi caminar con Jesús. Mis amistades con otros mejoraron en gran medida. Sentía la gracia de Dios de una manera palpable. Y no solo eso, sino que también pude crecer de un modo más profundo en mi relación con Jesús.

Durante la época de crecimiento, fui capaz de mirar hacia atrás con más claridad a mis años en los que estuve ofendida con la gente y con las acciones que me ofendieron. Había mantenido algunas percepciones equivocadas por completo en cuanto a lo que es el perdón y lo que implica. Mientras más exploraba la Biblia y el verdadero significado del perdón, más me fortalecía para liberarme de esos falsos conceptos.

Hace ya algunos años que camino en perdón. No siempre es fácil ceñirse al perdón, pero estoy más preparada en lo espiritual para ser fiel en este aspecto de la vida. Ahora puedo examinar mis épocas de ira, culpa y dolor, y buscar las fuentes y las causas. Muy a menudo hay un asunto subyacente relacionado con el perdón. Cuando decido olvidar, Dios ratifica esa decisión y me bendice en el proceso. ¿Quién no quiere eso?

¿Te cuesta perdonar? Es posible que eligieras este libro porque te das cuenta, al igual que yo, que no estás experimentando la plenitud del regalo del perdón de Dios. De ninguna manera quiero restarle importancia al dolor que sientes. ¡No! Sin embargo, me gustaría verte liberada de ese dolor. Me encantaría que pudieras tener un sentido renovado de cuánto Dios ya te ha perdonado. Me encantaría que sintieras la gracia de Dios en tu vida de una manera muy real. Me encantaría que tu relación personal con Dios llegara a un nivel más íntimo y satisfactorio. Sé que todo eso es posible cuando, con la ayuda de Dios, tomas la decisión de perdonar.

Te invito a que te unas conmigo en esta jornada de sanidad, perspectiva bíblica y transformación genuina de tu corazón y, tal vez, de tus relaciones. La carga de la falta de perdón es un peso demasiado grande para que lo soportes. Te está lastimando más que a cualquiera. ¡Es hora de que te liberes!

No estás sola. En el recorrido que tienes por delante, te contaré muchas historias poderosas y estimulantes de gente que conozco y que tomó la decisión de perdonar. Cobrarás esperanza y fortaleza para las necesidades de tu vida, a medida que te sumerges en las historias que pudieron haber terminado en una tragedia, pero que a cambio llegaron a ser testimonios de victoria, todo por un solo factor: la decisión de perdonar.

Tu victoria te espera, amiga mía.

Capítulo 1

LA GRAN OFERTA DE DIOS

Dios le ha hecho una estupenda oferta a la humanidad: perdonarle a cualquier hombre o mujer sus transgresiones, pecados y pasado. Dios pagó el precio. Nuestros pecados le costaron la vida y la muerte a su único Hijo. Ahora bien, Dios perdonará a cualquiera que acepte y crea que Jesús, el Hijo de Dios, murió en la cruz por sus pecados.

La oferta es real y llega con beneficios dinámicos para todo el que la acepte. La persona que recibe a Jesús también recibe todas las promesas de Dios que hay en Cristo Jesús. Eso significa que cualquiera que crea en Jesús puede reclamar una nueva identidad, el cielo, la fortaleza, la ayuda divina y muchísimo más. La Biblia lo describe así: «Todas las cosas que pertenecen a la vida y a la piedad nos han sido dadas por su divino poder, mediante el conocimiento de aquel que nos llamó por su gloria y excelencia. Por medio de ellas nos ha dado preciosas y grandísimas promesas, para que por ellas ustedes lleguen a ser partícipes de la naturaleza divina, puesto que han huido de la corrupción que hay en el mundo por causa de los malos deseos» (2 Pedro 1:3-4).

Dios, en su gran compasión y bondad, nos extiende esta oferta a ti, a mí y a cualquiera que solo la reciba. No importa cuál fuera tu pasado ni lo que hicieras. Dios está dispuesto a perdonarte si permites que Él tenga las riendas de tu vida. ¿Has aceptado esta gran oferta? ¿Te ha perdonado Dios tus pecados? Junto con la libertad que llega al perdonar a otros está el entendimiento de la grandeza del perdón que Dios está dispuesto a concederte.

Dios quiere que cada una de nosotras experimente el regalo de su perdón y el gozo de otorgarle gracia a otros (y a nosotras mismas). Mientras más exploramos la plenitud de la gracia de Dios, más vamos a querer vivir nuestra vida sumergida en ella y transformada por ella.

¡Los que aceptan el regalo de Dios descubren que todo lo que Él prometió es cierto!

Invitación a la transformación

Ana no podía creer lo que oía. El pastor que estaba al frente en la pequeña iglesia le ofrecía una nueva vida. Anunció que cualquiera que pasara al frente de la iglesia y orara llegaría a ser una nueva criatura y se le perdonarían todos sus errores pasados.

Ana no podía recordar la última vez que estuvo en una iglesia. Desde que tenía trece años, su vida había consistido de drogas, alcohol y fiestas. Criada por una abuela alcohólica en las apartadas montañas de Santa Ynez, a Ana la dejaban sola casi siempre. Robando costeaba su cada vez mayor adicción a las drogas. Con el paso de los años, se prometió tratar de cambiar a cualquiera que se le acercara. Sin embargo, el poder de las sustancias siempre la llevaba de vuelta al camino de la destrucción. Los amigos, la familia y la gente de buenas intenciones se habían dado por vencidos con la bella rubia pequeña.

Cuando Ana tenía alrededor de veinte años, vivía en la calle. Un día, un amigo del instituto le ofreció pagarle un tratamiento en un centro de rehabilitación. Ana estaba desesperada y aceptó su ofrecimiento.

Ana cooperó por completo en el programa. Quería mantenerse sobria, pero le temía a los antojos que surgían en su alma. Cuando estaba en rehabilitación, llegó a darse cuenta del daño y del dolor que le había ocasionado a tanta gente por su adicción. La culpa era abrumadora. En el momento de su salida, Ana no quería irse.

A lo largo del programa, sus consejeros le recomendaban que buscara más allá de sí misma una fortaleza superior para vencer sus antojos. Alguien también le sugirió que buscara una iglesia a la cual asistir. Así que el primer domingo después de su salida, Ana estaba sentada en la parte de atrás de la primera iglesia que encontró.

Fue en esta iglesia que oyó la invitación más atractiva que le hicieran jamás, todo un nuevo comienzo en la vida. El pastor dijo: «Hoy puede ser el primer día del resto de tu vida». ¡Había llegado la hora! Ana saltó de su lugar y caminó deprisa por el pasillo central. Quería esa vida nueva. Ana quería que la limpiaran de sus pecados y de su pasado. Quería comenzar de nuevo sin marcas en su contra. No tenía idea si le volverían a hacer esa oferta, y no quería perdérsela.

Ana se paró sola al frente por un momento. El pastor bajó del púlpito y puso su mano sobre su hombro. Pronto, toda la iglesia se reunió a su alrededor. Todos lloraban. El pastor guio a Ana en una sencilla oración y le pidió a Jesús que le perdonara todos sus pecados, que fuera a vivir a su corazón y que la hiciera una nueva criatura. A partir de ese día, Ana fue una nueva persona.

Ahora Ana trabaja en nuestro ministerio femenil. Nadie podía imaginar alguna vez que Ana hubiera tenido ese pasado. La bella rubia inteligente, de sonrisa cautivadora, irradia el amor y el afecto de Jesús. Todavía se le llenan los ojos de lágrimas cuando recuerda la invitación que transformó su vida.

Ana recibió un nuevo comienzo en la vida. Tú también puedes recibirlo. La Biblia declara: «Si alguno está en Cristo, ya es una nueva creación; atrás ha quedado lo viejo: ¡ahora ya todo es nuevo!» (2 Corintios 5:17). ¿Eres consciente de tu propia necesidad de recibir perdón? ¿Quieres un nuevo comienzo? Solo está a una oración de distancia.

Demasiado bueno para ser cierto

Para algunos, la oferta de Dios parece demasiado increíble. Después de todo, Dios promete borrar todo pecado como si nunca hubiera ocurrido. Yo tenía una amiga que batalló por algún tiempo con ese concepto. A menudo, la atormentaban en la noche los recuerdos de cosas pecaminosas que hizo en su pasado. Un día oró: «Señor, si borraste mi pasado y ya no lo recuerdas, ¿por qué tengo esos recuerdos tan severos?».

Entonces, su corazón oyó la voz silenciosa de Dios que le decía: «Yo sepulté tu pecado en lo más profundo del mar, y nunca más lo recordaré. Sin embargo, te permito que te acuerdes del dolor y de las heridas de tu pecado para que nunca vuelvas a él».

Es cierto que Dios sepulta nuestros pecados como lo prometió en Miqueas 7:18-19: «¿Qué otro Dios hay como tú, que perdona la maldad y olvida el pecado del remanente de su pueblo? Tú no guardas el enojo todo el tiempo, porque te deleitas en la misericordia. Tú volverás a tener misericordia de nosotros, sepultarás nuestras iniquidades, y arrojarás al mar profundo todos nuestros pecados».

Corrie ten Boom solía decir que Dios no solo sepultó nuestros pecados en el mar más profundo, sino que colocó un letrero que decía: «¡Prohibido pescar!».

En 1 Juan 1:9 se nos promete: «Si confesamos nuestros pecados, él es fiel y justo para perdonar nuestros pecados y limpiarnos de toda maldad». Dios es fiel para perdonar. Dios no incumplirá su ofrecimiento. No fallará. Cancelará, borrará, quitará del camino lo que confesemos con arrepentimiento. Dios no solo propone perdonarnos, sino también limpiarnos. Dios promete quitar el origen impío del pecado que hayamos confesado.

Piénsalo de esta manera. ¿Alguna vez has lidiado con moho en tu casa? ¡Puf!, ¿cierto? Cuando lidias con el moho, no solo es importante limpiar con cloro las partes afectadas por el moho, sino también llegar a la fuente que ocasiona el mismo. Debes lidiar con el grifo que tiene fuga, con la humedad o con el problema de agua que produce el moho. Solo tomando medidas en contra del moho, así como de lo que lo produce, lidiarás con el problema de una manera eficaz. Eso es lo que Dios hace cuando nos perdona. Él no solo quita los efectos del pecado de nuestra vida, sino que va directo a la fuente en nuestro corazón que produce el comportamiento ofensivo.

Jesús lidió con el pecado del hombre en la cruz del Calvario. Colosenses 2:13-14 describe el logro de Jesús de esta manera: «Antes, ustedes estaban muertos en sus pecados; aún no se habían despojado de su naturaleza pecaminosa. Pero ahora, Dios les ha dado vida juntamente con él, y les ha perdonado todos sus pecados. Ha anulado el acta de los decretos que había contra nosotros y que nos era adversa; la quitó de en medio y la clavó en la cruz».

A los que creen en Jesús, Dios les perdona todos sus delitos y pecados. Dios ve esas ofensas pasadas clavadas en la cruz con Jesús. Hay un himno de Elvina Hall que aprendí cuando era niña que dice: «Todo lo pagó Cristo, quien por mí libremente derramó su sangre carmesí». Eso es justo lo que Dios hizo a través de la muerte de Jesús en la cruz.

La aceptación del perdón

María se sentía desanimada. Aunque encontró a Jesús, su esposo Gary no veía su necesidad de perdón. Gary estaba dispuesto a escuchar a María cuando le hablaba de los cambios que Dios estaba realizando en su corazón. Hasta estuvo dispuesto a oír las grabaciones de los sermones de la iglesia que le llevaba a casa.

Por más de un año, Gary escuchó sermones en su viaje de ida y vuelta al trabajo desde su casa. Sin embargo, parecía que a

Gary no le afectaba nada de lo que oía. Siguió estando emocionalmente distanciado de María. Bebía y parrandeaba mucho en su yate con sus amigos cada fin de semana.

Entonces, una mañana, Gary se dio cuenta de la realidad de que era un pecador que se dirigía directo al infierno. Ese hecho lo aterrorizó. Entró a su auto para irse al trabajo, pero estaba seguro de que nunca llegaría. Parecía que cada auto apuntaba hacia él, y Gary estaba seguro de que si moría, se iría al infierno. Cada pecado que Gary cometió a lo largo de su vida, las cosas por las que nunca antes se sintió culpable, ahora eran como los fiscales en su contra.

Cuando Gary llegó al trabajo, se fue derecho al teléfono de su oficina. Llamó a la iglesia que asistía su esposa e hizo una cita para ir a ver a un pastor. Se fue de su oficina y con cautela condujo hacia la iglesia, casi sin poder soportar el tormento.

Una vez en la iglesia, habló con un pastor joven allí. «No quiero ir al infierno y lo merezco después de todas las cosas malas que he hecho».

El pastor vio a Gary con compasión y después abrió su Biblia en Juan 3. Le explicó a Gary que tenía que nacer de nuevo. Gary estuvo de acuerdo, sin entender bien a qué se refería el pastor. Le explicó a Gary que Dios podía perdonarle cada pecado cometido si le pedía a Jesús que lo perdonara. Gary asintió con la cabeza. Eso era con exactitud lo que quería. Gary quería que Dios le perdonara sus pecados. Aunque Gary tenía treinta y tantos años, quería tener la seguridad de que si moría se iría al cielo. El pastor guio a Gary con una sencilla oración: «Señor Jesús, reconozco que soy pecador. Te pido que me perdones mis pecados y que vengas a vivir en mi corazón. Amén».

Fue muy sencillo, pero Gary se sintió muy libre. Salió de la iglesia y salió a la brillante luz del sol del estacionamiento sintiendo que le habían quitado un gran peso de encima. Su trayecto a casa fue emocionante. El miedo desapareció.

Hasta esa mañana, Gary nunca se había considerado un pecador con necesidad de perdón. Es más, se reía del término. Sin embargo, darse cuenta de todo el dolor que les había ocasionado a otros lo impactó esa desafortunada mañana. Le había puesto el gran peso de sus pecados en los hombros y Gary supo que era culpable ante Dios. La bendecida liberación llegó con mucha facilidad. Solo tuvo que reconocer su culpa ante Dios y pedir que el logro que Jesús obtuvo en la cruz se le aplicara a su pecado y recibió liberación. La vida de Gary había cambiado para siempre.

Cuando admites que eres pecadora

La mayoría de la gente, al igual que Gary, no se da cuenta del daño que les ha ocasionado a los demás ni de su culpabilidad ante Dios. Todo el concepto de admitir que eres pecadora es desagradable en realidad. No obstante, solo cuando estamos dispuestas a admitir que tenemos una gran deuda con Dios por nuestro pecado es que estamos listas para querer y recibir el perdón que ofrece Dios.

Conocí a Paulina después de la iglesia un domingo por la mañana en Londres, Inglaterra. Me dijo que se sintió atraída a entrar en la iglesia porque yo le sonreí. Paulina era una bella mujer de clase alta que pasó de casualidad por la escuela donde llevábamos a cabo nuestro culto del domingo por la mañana.

Paulina me preguntó quiénes eran las personas que se reunían en la escuela y qué hacían. Le expliqué que éramos parte de una iglesia que se reunía allí. Ella levantó sus cejas.

—Mi hermana nació de nuevo. ¿Sabe qué quiere decir eso?

—Sí, lo sé —le respondí.

Así que me pidió que se lo explicara. Comencé diciéndole que cada persona es pecadora, de acuerdo a lo que dice la Biblia en Romanos 3:23: «Por cuanto todos pecaron y están destituidos de la gloria de Dios». En ese momento, Paulina se rio.

—No, de seguro que no es mi caso. Yo no soy pecadora.

Al ver a la bella mujer, le pedí al Señor que me diera una manera clara para esclarecerle este concepto a Paulina.

—Bueno, piénsalo de este modo. Supón que estacionaste tu auto en Londres para poder ir de compras. Digamos que no sabías que el espacio que elegiste no estaba autorizado para estacionar. Cuando volviste a tu auto, encontraste un gran cepo adherido a él y un aviso para que te presentaras ante un magistrado. Entonces fuiste a la alcaldía y se te dijo que tendrías que pagar una gran suma de dinero para liberar tu auto. Les dijiste a las autoridades que no tenías suficiente dinero. Imagínate que tienes un hermano...

En ese momento, Paulina me interrumpió.

—¡Yo sí tengo un hermano! —dijo.

Asentí con la cabeza y seguí con mi ilustración.

—Muy bien. Tu hermano se entera de que tienes una deuda que no puedes pagar, así que viene, paga tu deuda y libera tu auto. Ahora, tú y tu auto están libres. No le debes nada a la alcaldía, pero sí le debes mucho a tu hermano. Lo mismo es con Dios. Hemos hecho cosas, muchas de las cuales no somos conscientes, que han violado las reglas y los decretos de Dios. No tenemos los fondos ni la capacidad de pagar la deuda que tenemos. Por lo que Jesús vino y pagó la deuda que le debemos a Dios.

Paulina se quedó pensativa por un momento.

—Ya veo. Tienes razón. Entonces, soy pecadora. Quiero que Jesús pague mi deuda.

Creo que el problema de Paulina era una mala comprensión del término *pecador*. La palabra griega que se usa en el Nuevo Testamento para denominar al pecado es un término del tiro con arco que literalmente significa «no dar en el blanco». En los tiempos del Nuevo Testamento, cuando alguien disparaba una flecha a un blanco, si no daba en el centro exacto se le consideraba pecador, no había dado en el blanco. No importaba qué tan lejos estuviera del blanco ni qué tan cerca. Cualquier falla de dar en el centro del objetivo lo encasillaba como un pecador.

Por lo que, cuando se trata de la humanidad, Dios tiene cierto estándar de rectitud. Cualquier equivocación con ese estándar de rectitud te señala como pecador. No importa si has cometido grandes atrocidades o solo errores menores. No has perdido aún la marca y necesitas perdón para tu pecado.

Cuando pasamos por alto nuestro propio pecado

La mayoría de nosotras puede reconocer con más facilidad las ofensas de los demás que las propias. Somos muy hábiles para justificar, cubrir y negar nuestra culpabilidad, en tanto que señalamos con el dedo acusador a los demás. Vemos nuestros pecados como menores y excusables, mientras que los de los demás son mayores e inexcusables.

Esa es con exactitud la forma en que lo veía Simón. Cuando leemos Lucas 7:36-50 (rv-60), descubrimos que Simón invitó a Jesús a su casa a comer. Aunque la cortesía común de la época de Simón era lavarles los pies a los invitados, ungirlos con el aceite propio de la casa y saludarlos con un beso, Simón no le dio ninguna de estas atenciones a Jesús. Más bien, casi no tuvo en cuenta a Jesús. No se nos dice si Simón omitió las atenciones básicas a propósito o si solo lo olvidó.

Una mujer de mala reputación llegó cuando Jesús estaba en la casa de Simón. De inmediato, esta mujer se acercó a Jesús. Cayó ante Él y derramó aceite de un frasco de alabastro en sus pies. Luego, comenzó a lavarle los pies con sus lágrimas y a secarlos con su cabello.

Simón estaba indignado ante este despliegue y razonó en su corazón: «Este [Jesús], si fuera profeta, conocería quién y qué clase de mujer es la que le toca, que es pecadora».

Jesús, sabiendo lo que pasaba en la mente de Simón, dijo: «Simón, una cosa tengo que decirte».

Simón le respondió: «Di, Maestro».

Jesús le contó una parábola a Simón. La parábola tenía que ver con dos hombres que tenían una gran deuda. El primero debía miles de dólares, mientras que el otro hombre solo unos cuantos. El acreedor accedió cancelar las deudas de los dos hombres. «Di, pues, ¿cuál de ellos le amará más?»

Simón respondió: «Pienso que aquel a quien perdonó más». Jesús entonces vio a la mujer. «¿Ves a esta mujer? Entré en tu casa, y no me diste agua para mis pies; mas ésta ha regado mis pies con lágrimas, y los ha enjugado con sus cabellos. No me diste beso; mas ésta, desde que entré no ha cesado de besar mis pies. No ungiste mi cabeza con aceite; mas ésta ha ungido con perfume mis pies. Por lo cual te digo que sus muchos pecados le son perdonados, porque amó mucho; mas aquel a quien se le perdona poco, poco ama».

La mujer era consciente de su propia condición pecadora. Sabía que no había dado en el blanco y que necesitaba perdón. Al reconocer su pecado y necesidad de Jesús, la mujer recibió el perdón divino de Cristo. La mujer, debido a su amor y gratitud por Jesús, le dio todas las atenciones que descuidó Simón. Le lavó los pies a Jesús, los ungió con aceite fragante. Le besó los pies una y otra vez.

Simón no había dado en el blanco. Al enorgullecerse de su propia justicia, se descuidó en mostrarle la debida atención a Jesús. Su descuido fue pecaminoso y lo colocó en la misma categoría que la mujer de mala reputación.

Todos hemos pecado

Isaías 53:6 proclama: «Todos nosotros nos descarriamos como ovejas, nos apartamos cada cual por su camino; pero el Señor hizo que cayera sobre Él la iniquidad de todos nosotros» (LBLA). No hay ninguna persona viva en la tierra que no haya pecado. Nadie ha entendido lo que requiere Dios. Cada hombre y mujer se ha desviado y se ha vuelto a su propio camino. Dios permitió que Jesús pagara el castigo por esos pecados que hemos cometido. Ahora bien, para recibir ese glorioso perdón de pecado que ofrece Dios, solo tenemos que admitir que, en efecto, hemos pecado y que necesitamos la muerte expiatoria de Jesús para que pague el castigo en el que incurrimos.

El proceso de aceptación del perdón de Dios es muy sencillo. Solo tenemos que orar, reconociendo que hemos pecado, y pedirle a Dios que nos perdone nuestros pecados por lo que Jesús hizo en la cruz.

Dios quiere perdonar tus pecados. Dios quiere que experimentes la maravillosa sensación de emancipación que llega cuando Dios cancela tus pecados y los sepulta en lo más profundo del mar. El salmista lo describe de esta manera en el Salmo 103:11-12: «Porque como están de altos los cielos sobre la tierra, así es de grande su misericordia para los que le temen. Como está de lejos el oriente del occidente, así alejó de nosotros nuestras transgresiones» (LBLA).

Preguntas para el estudio y la reflexión personal

1. Lee Lucas 7:36-50. ¿Qué te ministra más de esta historia?

2. ¿Con quién te identificas más? ¿Con Simón o con la mujer que era una pecadora conocida?

3. ¿Qué pecados necesitas reconocer ante Dios?

4. ¿Cómo reclamarás 1 Juan 1:9 por los pecados que acabas de reconocer?

5. Usa Isaías 53:4-6 para explicar, en pocas palabras, cómo Jesús pagó el precio por tus pecados.

6. Examina Miqueas 7:19: «Tú volverás a tener misericordia de nosotros, sepultarás nuestras iniquidades, y arrojarás al mar profundo todos nuestros pecados». Enumera cualquier pecado que necesites reconocer para que Dios lo arroje «al mar profundo». Recuerda: «¡Se prohíbe pescar!».

Oración

Querido Señor:

Tú me cubres sin reparos con tu gracia. Tomas mis pecados y los arrojas al mar donde yo no pueda recuperarlos para tratar de aferrarme a ellos una vez más. Hoy, te pido perdón por todos mis pecados. Acepto la invitación de ser transformada por tu perdón. Anhelo entender por completo mi identidad y adoptarla como hija salvada de Dios.

Dame un corazón dispuesto y ansioso por extenderles perdón a los demás. Cada vez que le entregue uno de mis pecados a tu gracia, haz que recuerde que hay alguien en mi vida que también necesita experimentar este gran regalo.

En el nombre de Jesús, amén.

Capítulo 2

EL VERDADERO
SIGNIFICADO DEL PERDÓN

Durante muchos años, mi batalla con el perdón revoloteaba alrededor de mis ideas erróneas acerca de lo que significaba e implicaba el perdón. Esas falsas creencias me impedían estar dispuesta a abrir la puerta al perdón, por miedo de que llegaran heridas mayores aun.

¿Te has tropezado con el mismo temor? O quizá haya otra opinión falsa del perdón que mantiene tu corazón paralizado y poco dispuesto a perdonar. Las ideas erróneas del perdón son peligrosas. No solo nos impiden disfrutar la libertad que estamos destinadas a experimentar, sino que interfieren con el proceso del perdón. Para muchas personas que conozco, esas ideas erróneas se han convertido en barreras. Al igual que yo, cuando comenzaron a creer esas ideas erróneas y no la verdad, se quedaron atascadas. En cuanto discernimos y luego desechamos las mentiras, llegamos a ser capaces de recibir el perdón y nos permite perdonar a otros.

A medida que exploremos algunas de esas ideas erróneas, descubriremos lo falsas que son, cómo podemos soltarlas y cómo podemos avanzar hacia el dar y recibir perdón.

Primera idea errónea: El perdón significa hacer «lo que sea necesario»

No mucho después de que Brian y yo nos casáramos, comencé a batallar con una joven con la que pasaba tiempo. Competía conmigo a cada momento. Lo detestaba. Cuando comprábamos juntas, me señalaba el vestido más feo de los alrededores y decía: «¡Ah! Se parece a ti». Luego, señalaba a uno encantador y agregaba: «Y ese es igualito a mí».

Había otras comparaciones que hacían que la vida fuera desagradable. Toda la tensión llegó a un clímax cuando nacieron nuestros hijos. Una cosa era su menosprecio hacia mí, ¡pero no toques a mi bebé! Hubo una riña entre nosotras y me alejé por completo de su amistad. Sentía que había traspasado el límite y yo no estaba lista para dejar que volviera a mi vida. Por instinto, quería proteger a mi hijita.

Entonces, un día escuché en la radio a un pastor que predicaba acerca del perdón. Sentí una punzada en la conciencia. De inmediato, el nombre de esa mujer me vino a la mente. Sabía que tenía que arreglar las cosas. El pastor dijo que tenía que «hacer todo lo necesario» para restaurar la relación. Puf... la relación anterior fue muy enfermiza. No obstante, si eso era lo que exigía Dios, eso era lo que tendría que hacer. Tenía que hacer «lo que sea necesario» para restaurar la relación.

Le hice una llamada a la mujer y le pedí perdón por mi parte que falló en la amistad. Me preguntó si podíamos juntarnos con nuestros esposos y reanudar la interacción social. Le dije que sí y accedimos ir a cenar.

Tenía esperanzas en la restauración y estaba dispuesta a hacer «lo que sea necesario», pero pronto me di cuenta de que era imposible. Brian y yo recogimos a la pareja con nuestro auto y todos nos dirigimos a cenar fuera. No pasó mucho tiempo para que los insultos comenzaran a llegarme desde el asiento de atrás. Yo mantuve la paz; después de todo, había acordado «lo que sea necesario». La noche fue desagradable. Asumí la culpa por todo lo que salió mal en la amistad, y un poco de culpa adicional por otras cosas que le salieron mal en su vida. Fue extenuante. Al llegar a casa, Brian me dijo: «No creo que tengas que intentar tanto renovar esa relación. No creo que sea saludable». Le expliqué lo que le escuché decir al predicador en la radio y cuánto quería perdonar de corazón.

Entonces, Brian me explicó el verdadero significado del perdón. El perdón no era hacer «lo que sea necesario» para restaurar una relación. El perdón significaba «cancelar una deuda». Por lo tanto, el perdón no requería que volviera a la presión de los insultos y las comparaciones, sino más bien que cancelara la deuda que sentía que se me debía por lo que le soporté.

Pude perdonar y restablecer una amistad con límites saludables. Toda la idea de hacer «lo que sea necesario» no era una proposición saludable. No beneficiaba a mi amiga ni a mí tener una relación sin el respeto recíproco.

¿Es de extrañar por qué a la gente le da miedo perdonar? Perdonar bajo el pretexto de hacer lo que sea necesario es peligroso en el mejor de los casos. Deja al que perdona vulnerable a más daño e incluso mayor.

El perdón es un estado del corazón y no requiere que se retiren los límites emocionales ni físicos, ni que se restaure una relación.

Segunda idea errónea: El perdón es aparentar que nunca ocurrió

Dios se deleita en la verdad. Dios no requiere nunca que vivamos en el campo de la fantasía, haciendo a un lado o negando el mal que se nos ha hecho. Es más, Dios quiere que veamos todo el peso del daño que se ha ocasionado y que luego se cancele la deuda. Él nunca nos pide que finjamos que no ocurrió una ofensa, ni que no tuvo ningún efecto en nosotros.

Hace poco, una amiga hablaba del comportamiento inescrupuloso de alguien que conocía yo. Otra persona le advirtió: «Aun así, debes perdonarlo».

Sabía que mi amiga ya había perdonado a esa persona de corazón. No es falta de perdón evaluar todo el daño para que se pueda cancelar toda la deuda. Negar cualquier herida o minimizar la herida solo lleva a un pensamiento falso.

Solo faltaban unas cuantas semanas para la Navidad. Mi papá, Chuck Smith, se estaba recuperando de una operación en la espalda y yo estaba sentada en su habitación del hospital. Escuché el conocido sonido metálico de mi teléfono que me decía que había recibido un mensaje de texto. Abrí el texto y vi una foto de la rejilla del frente, destrozada por completo, del Honda de mi hija. En la anotación de abajo decía: «¡Huy!».

Puedes imaginar mi consternación. Faltaba muy poco para Navidad y nuestras finanzas ya estaban limitadas. Mi hija estaba estudiando y no tenía recursos para pagar los daños. El accidente fue totalmente su culpa. No vio a tiempo las luces de los frenos del camión que tenía delante.

Mi esposo le llevó el auto a nuestro buen amigo, Abe. Fue bueno para nosotros saber los detalles de los daños que se ocasionaron. Pasar por alto cualquiera de los problemas mecánicos habría puesto en peligro la seguridad de nuestra hija y, a la larga, hubiera sido más costoso. Abe nos informó de la extensión de los daños y nos hizo un presupuesto de una reparación total. Pagamos la deuda por completo.

Reconocer el impacto total de las heridas de nuestro corazón y nuestra vida nos permite perdonar toda la ofensa. ¿Cuántas veces has perdonado a alguien solo para darte cuenta de que el daño que se hizo fue peor de lo que pensabas? No sé en cuanto a ti, pero cuando me sucede eso, me doy cuenta de que tengo que volver a empezar desde cero y pedirle a Dios que me ayude a perdonar de nuevo.

Tercera idea errónea: Perdonar es olvidar

Algunas personas tienen una capacidad asombrosa para olvidar que alguna vez se les ofendió. Otra gente cree que no es capaz de perdonar solo porque puede recordar el incidente ofensivo que ocurrió.

El olvido no siempre acompaña al perdón. Dios promete en Hebreos 8:12: «Seré misericordioso con sus injusticias, y nunca más me acordaré de sus pecados ni de sus iniquidades». Ese «nunca más me acordaré» no es olvidar, sino negarse a tenerlos como cargos en nuestra contra. En otras palabras, Dios promete retirar los cargos en nuestra contra. Como un juez que decreta que la evidencia en contra del acusado es improcedente, Dios también decreta que nuestros pecados son improcedentes. De ninguna manera se pueden usar en contra nuestra. Nos perdonaron. Los pecados se cubrieron y se pagó por ellos.

Patty se alegró mucho al saber que su hermano había aceptado al Señor. Aun así, todavía tenía algunas reservas en cuanto a él. Aún podía recordar con claridad el manoseo perverso de su cuerpo y el robo de su inocencia. No quería que sus propios hijos estuvieran alrededor de su hermano. ¿Significaba eso que todavía le guardaba rencor a su hermano por haberla violado cuando eran más jóvenes?

¿Se negaba a darle el perdón que Dios le concedió de manera tan total?

Patty oraba. Un día, se sintió impulsada a llamar a su hermano. Comenzó la conversación con trivialidades acerca de su mamá, de su papá y de sus amigos en común. A la mitad de la conversación, Patty dijo de repente: «Te perdono por robarme mi inocencia. Te perdono por abusar de mí sexualmente cuando era una niña». Hubo silencio por un momento al otro lado de la línea. Patty esperó con sus manos temblorosas mientras sostenía el auricular en su oído. Entonces, oyó el ruido apagado del llanto. Su hermano estaba llorando.

«Lo siento mucho», dijo llorando. «Gracias por perdonarme».

En ese momento, Patty sintió que se le había quitado un gran peso de encima. No había olvidado la ofensa, y nunca lo haría, pero ya no tenía sobre sí el poder que tuviera alguna vez.

Ya no definía quién era ella, ni qué había llegado a ser. Era libre.

Cuarta idea errónea: Perdonar a alguien requiere dejarle que vuelva a nuestra vida

Jesús, como nuestro Buen Pastor, desea protegernos. Cuando era niña, nunca salía de la casa sin oír la amonestación de mi madre: «Recuerda, eres un cordero entre lobos». Esa era la forma en la que mi mamá me advertía que algunas personas en el mundo no eran dignas de confianza. La mejor manera de evitar que un lobo te devore es reconocerlo y evitarlo.

Jane siempre perdonaba a su cuñado. Sin embargo, él le hacía la vida desdichada. A cada momento le ocasionaba problemas a su matrimonio. Llamaba todos los días e insistía en tener largas conversaciones con su hermano, el esposo de Jane. Durante el transcurso de esas conversaciones, Jim difamaba a Jane. Ella percibía una leve actitud distante de su esposo después de cada llamada. Esas alteraciones, junto con la adicción a las drogas de su cuñado y su necesidad frecuente de que lo sacaran de situaciones malas, tuvieron un efecto emocional y negativo en Jane. Quería perdonar a Jim, pero temía que eso requiriera dejar que Jim dominara su matrimonio y a su esposo. Por lo que Jane se negaba a perdonar.

Mientras más dejaba Jane que la falta de perdón hacia su cuñado se intensificara, más sentía que se convertía en la bruja que Jim decía que era ella. Sin embargo, para Jane, los peligros de perdonar eran demasiados. No podía arriesgarse.

Su matrimonio comenzó a sufrir. Descubrió que no solo era hostil con su cuñado, sino que después la hostilidad se la transmitió también a su esposo. Ellos buscaron el consejo de su pastor.

El pastor escuchó mientras se desahogaban Jane y su esposo con sus quejas mutuas. Entonces, el pastor miró a Jane y le dijo:

—Tienes que perdonar a tu esposo.

En ese momento, Jane comenzó a llorar.

—No puedo —dijo. Entonces, admitió—: Tengo miedo de hacerlo.

—¿A qué le temes? —indagó el pastor.

Jane expresó un gran número de temores, comenzando con perder todo su dinero por el cuñado y terminando con la pérdida de su matrimonio si decidía perdonar a su esposo.

—¿Por qué crees que ocurriría eso si lo perdonas?

—Si lo perdono, no me rendirá cuentas. Dejará que su hermano domine nuestro matrimonio.

El pastor le explicó a Jane que su propia falta de perdón hacia su esposo estaba ocasionando el alejamiento del afecto, y que en realidad ponía al hermano más cerca.

—El perdón no significa que permitas que tu esposo deje que tu cuñado tome todo su dinero ni que siembre discordia entre ustedes dos. Solo significa que no pones la responsabilidad sobre tu esposo por las acciones de tu cuñado. Tu esposo no es tu cuñado.

Jane oró con el pastor y su esposo pidiendo fuerza para perdonar. El Señor le concedió esa fuerza en ese mismo momento. Llegó a darse cuenta de que cuando perdonó a su esposo, en realidad retiró a su cuñado de su matrimonio.

Poco después de esa liberación, el esposo de Jane tomó la iniciativa de distanciarse de su hermano. Sin que Jane se lo indicara, su esposo vio el daño que su propio hermano le estaba haciendo a su matrimonio y a su subsistencia. Para Jane y su esposo, el perdón significó evitar que su cuñado estuviera muy involucrado en sus vidas.

Quinta idea errónea: Para perdonar debes buscar al ofensor

Para algunas personas, la idea de tener que estar en la misma habitación con el que les hizo daño es aterradora. Los que consideran el enfrentamiento como un aspecto necesario del perdón, a menudo posponen el perdón hasta que se sienten lo bastante confiados para enfrentar al ofensor. No es necesario tener un enfrentamiento cara a cara con la persona que te hizo daño o que te ofendió.

Muchas veces he oído a la gente usar Mateo 18:15-17 para insistir en un enfrentamiento personal. Sin embargo, los que lo hacen, sacan de contexto la amonestación de Jesús: «Por tanto, si tu hermano peca contra ti, ve y repréndelo cuando él y tú estén solos. Si te hace caso, habrás ganado a tu hermano. Pero si no te hace caso, haz que te acompañen uno o dos más, para que todo lo que se diga conste en labios de dos o tres testigos. Si tampoco a ellos les hace caso, hazlo saber a la iglesia; y si tampoco a la iglesia le hace caso, ténganlo entonces por gentil y cobrador de impuestos».

Este pasaje de las Escrituras tiene que ver con la restauración de una hermana o un hermano en la iglesia. La restauración requiere de arrepentimiento. Este pasaje no tiene que ver con que debas perdonar a alguien o no. Tampoco trata del medio con el que debes perdonar a alguien.

El perdón comienza como una transacción privada entre tú y Dios que se lleva a cabo en el corazón. Después que el perdón se ha desarrollado en el corazón con Dios, entonces se manifiesta en lo externo de miles de formas únicas y distintas.

Algunas personas no son inofensivas jamás. Cada palabra que les digas se utilizará en tu contra. ¿Significa esto que están excluidas del perdón? No, en absoluto. Solo significa que el acto del perdón no requiere de su presencia. Las diferencias se solucionan en tu corazón con Dios.

Cuando Jesús habló de perdonar en Mateo 18:35, se refirió a una transacción en el corazón. «Así también mi Padre celestial hará con ustedes, si no perdonan de todo corazón a sus hermanos».

Hay algunas personas que solo pisotearán la gentileza que se les ha dado en el perdón. A veces, eso puede ser contraproducente para el proceso del perdón. Recuerda que el perdón es una actividad del corazón, que es primero entre tú y Dios solamente.

Sexta idea errónea: El perdón cambia a la persona perdonada

Cuando Tina perdonó a su madre por años de abuso verbal y descuido, esperaba ver alguna señal de cambio en su mamá. Comenzó a preguntarse si no había perdonado como era debido. Una noche, cuando Tina estaba orando, sintió el impulso en su espíritu de perdonar a su madre otra vez. Cada ofensa que su madre le hizo volvió a representarse en su mente, y Tina perdonó una vez tras otra. La experiencia fue emocionante. Tina estaba segura de que esa experiencia tendría un impacto positivo en su relación con su madre.

Tina llamó a su mamá y le preguntó si podía ir a visitarla. La mamá de Tina estaba aprehensiva, pero Tina estaba tan emocionada por su nueva actitud que pronto convenció a su mamá de que era una buena idea. Por lo que tomó un avión para ir a ver a la mujer que perdonó.

La visita comenzó bien. Las mujeres se abrazaron y parecía que a la mamá de Tina le encantaba tener a su hija allí. Sin embargo, después de dos días, la mamá de Tina comenzó a beber otra vez. A medida que su consumo de licor aumentaba, también aumentaban los ataques de su madre. «¿Por qué volviste aquí?», la retó su madre con una voz amenazadora. «Siempre estuve muy decepcionada de ti. Siempre has sido un fracaso». La crueldad siguió aumentando al punto de que Tina llamó a su hermano y le pidió que fuera a rescatarla de los ataques de su madre.

Mientras Tina esperaba en el cuarto de visitas, podía oír a su madre que gritaba insultos desde la sala. Tina se arrodilló. «Dios, yo decidí perdonarla. ¿Qué salió mal entonces?»

«Nada», fue la simple respuesta que Tina oyó en lo profundo de su corazón. «Esta es la persona a la que perdonaste. Esta es la persona que debes seguir perdonando».

Tina levantó el teléfono y marcó el número de su hermano. «Voy a quedarme», le dijo.

Algo en Tina había cambiado. Donde alguna vez dominaron el resentimiento y el dolor en el corazón, ahora fluía compasión y amor. Buscó maneras de ayudar a la mujer que había perdonado. Cuando se dio cuenta de que su mamá caminaba como si algo le doliera, Tina tomó una crema humectante y comenzó a masajearle los pies. «Mamá, sé que tu vida no fue fácil», dijo. «Cometiste algunos errores. Sin embargo, tú nos criaste a Ted y a mí. Siempre te aseguraste de que tuviéramos comida y un techo sobre nuestra cabeza. Quiero darte las gracias por eso».

La visita terminó como empezó, con las dos mujeres abrazándose. La madre de Tina siguió atacándola de forma brutal durante llamadas telefónicas ocasionales, pero después de algún tiempo pareció que el abuso perdía su efecto. Su madre no cambió. La relación nunca llegó a ser la que anhelaba Tina. No obstante, Tina cambió. Pudo perdonar a su mamá por ser una persona alcohólica y una abusadora verbal. El perdón que Tina le extendió a su madre tuvo dividendos.

Cuando la madre de Tina estaba sobria y moribunda en el hospital, pidió que Tina llegara junto a su cama. Allí, en la habitación estéril del hospital, Tina pudo llevar a su madre a Jesús antes de morir. Tina me contó en confianza que cuando estuviera en el cielo, tendrían una relación mejor que la que alguna vez pudiera imaginar.

Séptima idea errónea: El perdón repite los detalles

No es necesario volver a vivir y sacar a la luz cada infracción y cada ofensa que se haya hecho para perdonar a alguien. A veces, perdonar requerirá elegir una colcha de perdón que cubra toda la historia pasada que tengas con una persona.

En Filipenses 3:13, el apóstol Pablo escribió: «Hermanos, yo mismo no pretendo haberlo alcanzado ya; pero una cosa sí hago: me olvido ciertamente de lo que ha quedado atrás, y me extiendo hacia lo que está adelante». Hay veces en las que el perdón significará decidir no excavar cada ofensa pasada. Significará sepultarlo todo de una sola vez.

Octava idea errónea: El perdón se obtiene al pagar nuestra propia deuda

Muchas veces surge un problema cuando tratamos de expiar o pagar por nuestro perdón. Cuando eso llega a ser nuestra perspectiva de cómo funciona la gracia, también esperamos que otros paguen su propia deuda. Ya sea que trates de ganarte el perdón, o que desafíes a otros para que se lo ganen, te topas con un camino de mentiras y batallas.

Tratamos de ganarnos el perdón de Dios haciendo tantas buenas obras como sea posible, o recriminándonos sin cesar por haber metido la pata. ¿Has sido culpable de eso? Sé que yo sí.

Recuerdo que hace algunos años metí la pata en realidad. Algunas personas pecan en privado. Parece que yo soy propensa a hacerlo en público. ¡Puf! Ocurrió un viernes por la mañana, cuando estaba enseñando en lugar de mi mamá. El tema era el amor. Qué gran tema, ¿verdad? En el transcurso de la enseñanza resulta que mencioné a cierto actor y dije: «Lo detesto de verdad». Pude oír la respiración entrecortada de la audiencia. De repente, me di cuenta de lo contradictoria que fue mi declaración para todas las personas con las que trataba de comunicarme. ¡La cosa se puso peor! Traté de cubrir mi indiscreción al profundizar en algunas de las cosas malas que había hecho este actor. Me estaba enterrando viva en el agujero que cavé yo misma. Al final, solo me detuve. Me disculpé con las mujeres y luego hice que oraran conmigo por este actor.

Me sentí terriblemente durante varias semanas después de eso. Me disculpé con cualquiera que me encontraba que asistió al estudio. Cuando mi mamá volvió, que estuvo en Israel en ese tiempo, fui de inmediato a su casa. Le expliqué lo que hice y luego le supliqué su perdón. Incluso me ofrecí para nunca más enseñar en otro estudio bíblico de nuevo si eso ayudaba.

Tengo que admitir que mi mamá se quedó desconcertada con lo que hice. «Ay, Dios mío», fue su primera respuesta. Entonces dijo: «Cheryl, todos pecamos y hacemos cosas tontas. Por eso es que necesitamos a Jesús. Creo que solo les dejaste ver a esas mujeres un ejemplo vivo de lo mucho que necesitamos a Jesús».

Un día, profundizaba en toda la experiencia dura con un joven que ni siquiera estaba presente en el estudio y que no se había enterado de mi craso error. De pronto, me detuvo en medio de mi historia. «Cheryl, ¿por qué me cuentas eso? Ni siquiera estuve allí. ¿Tratas de expiar tu pecado confesándolo a tanta gente como sea posible?»

Lo miré sorprendida. Eso era justo lo que trataba de hacer. Trataba de ganarme el perdón de Dios al decirles a todos lo tonta que fui. Me marché a casa y busqué al Señor a solas en mi habitación. Dios comenzó a hablarle a mi corazón. «Cheryl, si descubres un zapato feo, sucio y carcomido en tu armario, ¿qué harías con él?»

«Lo desecharía de inmediato y limpiaría mi armario», respondí.

El Señor me habló de nuevo: «¿Le contarías a todos acerca del zapato? ¿Lo exhibirías en tu casa como una señal para todos de la fealdad que fue en tu armario?».

Por supuesto que la respuesta era no. Solo desecharía el objeto ofensivo, limpiaría mi armario y me aseguraría de que eso no volviera a ocurrir. El Señor me ministró indicándome que eso era con exactitud lo que Él quería que hiciera con mi pecado.

La manera de lidiar con esto era solo pidiéndole perdón a Dios, reclamar lo que ya me prometió por Jesús y seguir adelante. Ah, pero parecía muy sencillo. Me quitó la responsabilidad y la puso toda en Jesús.

Una sensación de gratitud y aprecio fluyó en mi alma. Comencé a alabar y a agradecerle a Jesús por su perdón maravilloso. Me encontré cantando las palabras del antiguo himno: «Él pagó una deuda que Él no debía» por Ellis J. Crum. Esas canciones me hicieron recordar que tengo deudas que nunca podría pagar y que solo Dios puede limpiarlas de mi vida.

Ese día me di cuenta del sustancial poder perdonador de Dios. Era mayor que la deuda que tenía yo. Se aplicaba con generosidad a mi responsabilidad. Me quitaba el pecado.

Aprendí que yo no podía expiar mi pecado de ninguna manera. Dios fue el que me hizo ver la ofensa, y fue Dios el que perdonó libremente esa misma ofensa y me limpió de la injusticia interna.

Aprender a perdonar a otros debe comenzar con el reconocimiento de que Dios nos perdona cada ofensa que cometamos. Ese es el mismo perdón que les damos a los demás.

¿Tratas de expiar tus propios pecados? ¿Te recriminas y te dices que no vales nada por esos pecados? Querida hermana, solo confiésalos a Jesús y libérate de ellos por fe. Recibir el perdón de Jesús es un acto de fe. Tienes que creer que tus pecados son perdonados debido a lo que Él hizo en la cruz y en lo que promete en su Palabra. No recibes perdón porque merezcas que te perdonen, ni por el mérito de las buenas obras que hagas, ni tampoco porque te sientas avergonzada por las cosas que hiciste. ¡No! Recibes perdón porque la sangre de Jesucristo es tan poderosa que ella sola te perdonará y te limpiará de todo pecado que cometieras o que alguna vez cometerás.

Hoy eres amada y perdonada porque reconociste tu pecado ante Dios y le pediste que te perdone por Jesús. Recuerda: ¡Dios, en su fidelidad, es perfectamente justo para perdonarte todos tus pecados y limpiarte de toda injusticia!

Esas ideas erróneas han hecho que mucha gente no acepte el perdón. Entonces, si perdonar no significa hacer lo que sea necesario, aparentar que nunca ocurrió, olvidar la ofensa, permitir que el ofensor regrese a la vida de una, enfrentar al ofensor, ni esperar un cambio en el ofensor ni en las circunstancias, ¿qué significa?

Lo que es el perdón

La definición más sencilla del perdón es la cancelación de una deuda.

La palabra usada en el Nuevo Testamento concerniente al perdón es un término de contabilidad. Tiene que ver con algo que se le debe a otra persona. El pecado y la ofensa se llevan algo de nosotros. Las ofensas incluyen robar nuestra inocencia, violar nuestra confianza, minimizar nuestro carácter con insultos o calumnias, robarnos alguna posesión, destruir una relación, arruinar nuestro sentido de bienestar, ocasionar una herida física y dañar la propiedad. En la ley de Moisés, cuando tomaban, violaban, dañaban o destruían algo, siempre se requería de restitución. Esa restitución era un gravamen en contra del que hizo el daño. Hasta que se pagara el gravamen, el que hizo el daño estaba endeudado con la persona a la que le ocasionó el mismo.

En el Padrenuestro, Jesús usa las palabras «deudas» y «deudores» con referencia al perdón. Instruye que oremos de esta manera: «Perdónanos nuestras deudas, como también nosotros perdonamos a nuestros deudores».

Tal vez incurrieras en una deuda financiera. Tal vez hicieras pagos de un auto, de una lavadora o de una tarjeta de crédito. Fuiste deudor de la compañía hasta que hiciste el pago final. Cuando se hace el pago final, te *perdonan*. Ya no eres deudor.

Llevémoslo un paso más adelante y digamos que no puedes hacer los pagos, que los descuidaste, que se te olvidaron o que no quisiste hacer los pagos. A quienes les debes no les importa que hubieras dejado de pagar a propósito o no. Eres deudor hasta que se haga cada pago.

Ahora bien, digamos que alguien interviene, algún amigo o una buena persona, y paga todo lo que debes. Entonces le deberías a esa persona y no a la compañía. Ya no eres deudor de la compañía, pero te has convertido en deudor de tu benefactor.

Jesús es nuestro benefactor. Él ha pagado las deudas que teníamos por el pecado.

Considera lo asombroso que es que Dios perdone nuestra deuda sin importar lo grande que sea. No hay nada que puedas hacer ni imaginar hacer que no cubra la gracia de Dios. Si eres una mujer a la que todavía le cuesta creer esto, pon atención especial a cada historia que narro en este libro. Te asombrarás de la extensión, profundidad y belleza del perdón de Dios.

La falta de perdón ocupa espacio en nuestro corazón

Una mañana, sentada frente a una acogedora chimenea, mientras leía mi Biblia, el Señor me dio una visión. En mi mente vi mi corazón como la cueva de un tesoro. Había muchos objetos bellos dentro de esa cueva. Sin embargo, mi línea de visión se topó con una enorme caja fuerte de hierro. Enfoqué mi atención en la caja fuerte y me sorprendí cuando se abrió y reveló papeles arrugados dentro. Saqué uno para inspeccionarlo. Los papeles tenían marcas de mordidas a lo largo de todo el contorno, como si un roedor los hubiera masticado. Había manchas sucias en todos los documentos.

—¿Es eso lo que has estado guardando en los escondrijos de tu corazón? —escuché que dijo una voz.

—¿Qué son? —pregunté, sin reconocer los papeles.

—Son los gravámenes que tienes en contra de otros por los daños que te ocasionaron.

Mientras examinaba los papeles en la visión, me di cuenta de que eran formulaciones de cargos en contra de otros que yo elaboré en mi propio corazón.

El primero que me dieron para examinar era contra un joven que supe que habló en contra de mí. La mente se me remontó al tiempo del incidente. Brian y yo le brindamos hospitalidad y nuestro hogar a este hombre, Tom, durante una época en la que también hospedábamos a una joven pareja. Era una casa llena, pero nos agradaba abrirle nuestra vida a cada persona.

Un día, estaba guardando ropa limpia que acababa de doblar y oí que se mencionaba mi nombre en una conversación en el salón contiguo. Dejé de hacer lo que hacía, sin estar segura de si alguien trataba de hablarme. En cambio, nadie trataba de llamar mi atención. Más bien, oí a Tom hablarle a la pareja de mí. «No me agrada Cheryl», dijo. «Creo que Brian podría hacerlo todo mejor que Cheryl».

¡Yo estaba impactada! Este joven se hospedaba en mi casa, y comía y disfrutaba de la comida que preparaba yo. Usaba las toallas y la ropa de cama que le proveía.

En ese momento no sabía si debía seguir escuchando o irme. Decidí irme, pero el dolor de la ofensa se quedó allí. El joven permaneció en nuestra vida por años. Llamaba a Brian varias veces al día, y decir que a mí me molestaban sus llamadas telefónicas es una subestimación. Mantenía a Brian en el teléfono por horas discutiendo por esto o aquello. En otra ocasión, lo oí insultar a mi padre y contradecir un mensaje que él acababa de dar.

Cada vez que se mencionaba el nombre de ese hombre, me enfurecía por dentro. Cuando tenía un momento en privado con Brian, sacaba los cargos que tenía en su contra y los repetía una y otra vez.

Ahora, años después, en la visión de la cueva del tesoro, se me pide que examine el papel destrozado que representaba la acusación que tenía en mi corazón en contra de Tom. Me doy cuenta de que está arrugado por las muchas veces que lo saqué del tesoro de mi corazón y luego lo volvía a meter en seguida de nuevo.

«Dios, ¿qué quieres que haga con estas acusaciones?», pregunté.

«Quiero que me las des».

En ese momento, Dios me pedía cada gravamen que alguna vez tuviera en contra de cualquier persona en mi vida. Lo que había considerado como algo digno de llevar en mi corazón, una acusación que exigía el pago del que ocasionó la herida, ahora se veía como basura. No solo había ocupado lugar en mi corazón, había contaminado mi corazón.

Uno por uno, le entregué a Dios los gravámenes que tenía en contra de otros. Si había alguna deuda que extraer, Dios tenía que hacerlo, no yo. Y cancelé la deuda que sentía que otros me debían al entregarle a Dios todas las deudas.

¿Qué llevas en tu corazón ahora y que alguna vez te pareciera importante de guardar, pero que ahora se siente como un sucio pedazo de basura? Revisemos un listado de lo que no es el perdón y lo que sí es. Dedícale un tiempo a cada una de estas verdades y permite que penetren. Toma un rato para preguntarte si has dejado que las ideas erróneas gobiernen tu actitud hacia otra persona o hacia el acto del perdón.

- No es hacer lo que sea necesario para restaurar una relación.
- No es aparentar que una ofensa nunca ocurrió.
- No es la capacidad de olvidar por completo el pasado.
- No es necesariamente enfrentar al ofensor.
- No es una promesa de que el ofensor cambiará.
- No es un medio para cambiar al ofensor ni a la ofensa.
- No es repetir, revivir, ni reestructurar cada daño hecho en tu contra.
- *Es* darle a Dios todas tus quejas en contra de otros.
- *Es* cancelar la deuda que te deben otros.
- *Es* entregarle a Dios todo lo que debes y lo que te deben.
- *Es* un gran regalo de Dios que no tiene límites.

Las ideas erróneas en cuanto al perdón pueden impedir que la gente más sincera perdone. Sin embargo, cuando te das cuenta de que el perdón es un acto del corazón entre tú y Dios, que resulta en la cancelación de la deuda que se tiene, ya no es aterrador, sino bello. Ha llegado la hora de estar dispuesta a cancelar las deudas que has guardado en contra de otros, a fin de que puedas ser libre para llenar el tesoro de tu corazón de todas las cosas buenas que Dios desea poner en él.

El proceso del perdón no es aterrador, sino liberador. ¿Estás lista para comenzar?

Preguntas para el estudio y la reflexión personal

1. Enumera cualquier idea errónea que hayas tenido en cuanto al perdón.

2. Lee Mateo 18:21-35. ¿Cómo se manifiesta el perdón en esta historia?

3. ¿Qué advertencia presenta este pasaje bíblico para los que se niegan a perdonar?

4. Enumera cualquier temor o recelo que hayas conservado en cuanto a perdonar a otros.

5. ¿Por qué deseas decidir perdonar ahora? ¿Cuál es tu esperanza mientras andas por este camino?

Oración

Querido Señor:

Ahora reflexiono en las veces que he tenido ideas erróneas en cuanto al perdón en lugar de acudir a tu verdad. Libérame de los conceptos equivocados ahora, de modo que pueda permanecer en tus promesas para mí y mi vida. Dame hambre de tu Palabra, tu dirección y tu compasión.

Cuando tenga miedo de que el perdón niegue el dolor que experimenté, o el papel de la otra persona en ese dolor, libérame de esa preocupación. Gracias por la libertad del perdón. Me ha liberado del encierro del temor. En el nombre de Jesús, amén.

Capítulo 3

POR QUÉ NOS CONTENEMOS

A veces descubrimos que somos reacios a perdonar. Nos contenemos de aceptar la gracia o nos aferramos a la falta de perdón. Lo divertido es que no hay una palabra para la expresión «falta de perdón». No se puede encontrar en un diccionario. Sin embargo, los síntomas y las consecuencias de retener el perdón se *pueden* encontrar. La mayoría de nosotros no tiene que buscar mucho más que en nuestra propia vida ejemplos de cómo la falta de perdón nos hiere a nosotros y a los demás. Para poder ser capaces de identificar el resentimiento que permanece en nuestro corazón cuando no hemos perdonado, emplearemos esta expresión con el propósito de exploración y entendimiento.

Mientras estamos en eso, definamos esta expresión. Considero la falta de perdón como guardar resentimiento en el corazón en contra de alguien. Es la condición de no poder perdonar a otro por lo que hizo o sigue haciendo. La falta de perdón se evidencia con sentimientos de resentimiento, ira y hostilidad hacia una persona.

En el capítulo anterior discutimos algunas de las ideas erróneas en cuanto a la falta de perdón para que pudiéramos ver con claridad lo que es en verdad: la cancelación de una deuda. En este capítulo discutiremos los orígenes de la falta de perdón, a fin de entender su fuerza y control en el corazón humano.

Cómo echa raíces la falta de perdón

El resentimiento estaba allí, incluso antes de que Sally supiera que batallaba con esto. Siempre estaba molesta con Joan. Es más, su tema de conversación principal *llegó a ser* Joan, no porque le agradara Joan, sino por todo lo opuesto: Joan la molestaba. La hacía sentir como si fuera una niña malcriada. Siempre criticaba su trabajo y le hacía ver a Sally dónde se quedaba corta. Joan usaba una voz, unas palabras y unos gestos condescendientes cuando hablaba con Sally. Además, Joan siempre se dirigía a Sally en público, haciendo que todos en la oficina supieran la manera en que se había equivocado.

Joan, Joan, Joan. Cada noche, a la familia de Sally la invitaban a escuchar otro relato de lo que Joan dijo o hizo. Pronto, Sally tuvo todo un listado de las ofensas de Joan, bien guardado en su corazón. Estaban escritas en forma de novela, y en cualquier momento dado, Sally podía sacar un capítulo y volver a narrar con detalles gráficos la historia de lo que hizo Joan.

Sally no tenía idea de que batallaba con la falta de perdón. En realidad, creía que solo hacía observaciones en cuanto a Joan y sus problemas. Joan no era de fiar, y era mezquina y criticona. Joan también tenía un plan, o eso había llegado a creer Sally.

Un día, mientras Sally almorzaba con una amiga, entró de lleno en el último episodio de la saga de Joan. La mirada en el rostro de su amiga le decía que no disfrutaba de ese último capítulo. Su amiga se veía cada vez más incómoda, mientras Sally le agregaba fervor emocional a su historia.

La amiga la interrumpió en medio de una oración.

—Sally, tienes que perdonar a Joan.

—Yo no tengo nada en contra de Joan —dijo Sally quedándose atónita—. Ella es la que tiene problemas.

—Como tu amiga, te digo que ese asunto con Joan está comenzando a apoderarse de tu vida —le respondió su amiga mirándola con compasión—. Al principio, solo te molestaba, pero ahora estás absorta en ella. El nombre de Joan aparece en cada conversación que tenemos.

Sally se dio cuenta de que su amiga tenía razón. ¿Cómo habían llegado las cosas tan lejos? ¿Cuándo sus agravios contra Joan se habían incrustado en el revestimiento de su corazón? ¿Qué había hecho que el resentimiento se sepultara de manera tan profunda? No tenía idea de cuándo las quejas en contra de Joan se habían arraigado y se habían vuelto letales. Trató de recordar cuándo o qué incidente provocó que de repente eso se enredara en su corazón. Tenía tantas causas en contra de Joan que le era difícil escoger solo una. Entonces, se dio cuenta de que sucedió cuando decidió llevar la cuenta.

Al igual que Sally, algunas personas no detectan cuándo ni cómo la falta de perdón entra con lentitud al corazón y se arraiga. Solo después que los síntomas comienzan a manifestarse, síntomas como preocupación con el ofensor, es que te das cuenta de que la falta de perdón se ha arraigado en tu corazón.

La herida

Hay muchas causas distintas para la falta de perdón. Algunas son obvias y fuertes. Hace poco vi una película llamada *Heaven's Rain*. Es una historia real de un joven que batalló con perdonar a los hombres que mataron brutalmente a sus padres, violaron a su hermana y se robaron los anillos de matrimonio y cosas valiosas de sus padres. La ira del personaje y la falta de perdón hacia los asesinos de sus padres son comprensibles por completo. Lo que es extraordinario acerca de esta historia es cómo perdonó a los asesinos.

Otras heridas no son tan serias. Julia batalló durante todo el instituto para perdonar a la chica que le robó el novio en noveno grado. Incluso, después de que Julia estaba felizmente casada y con dos hijos, batallaba para liberarse de los sentimientos de ira y resentimiento que había guardado por tanto tiempo.

La falta de perdón no requiere de un escenario dramático. Es más, las causas pueden oscilar de insignificantes a tremendas. Cuando una persona comienza a guardar falta de perdón en un aspecto o en contra de una persona, pronto se esparce por todo el corazón. A medida que fortalece su caso en contra del primer ofensor, la falta de perdón pronto encuentra más causas en contra de otros. Es como un abogado que reúne testigos para su caso en el tribunal y sigue agregando ofensa tras ofensa en contra del querellante.

La primera causa no siempre echa raíces. A veces las causas secundarias son las que hacen que la ofensa crezca hasta llegar a ser la hierba mala infectada de la falta de perdón.

La frustración

Dee es la única creyente de su familia, y lo ha sido desde que aceptó al Señor en 1976. Para Dee, tratar con su esposo es una batalla diaria, así como con los otros miembros adultos de la familia que viven en su hogar. Esos otros miembros tienen valores y prioridades distintos a los de Dee. Se ofenden con facilidad y a menudo se juntan en su contra. Cualquier intento de enfrentar los problemas solo lleva a que el asunto se tuerza hasta que se da a entender que Dee es irrazonable. Más de una vez se ha encontrado enojada, resentida y frustrada.

Dee no se había dado cuenta de cómo sus crecientes frustraciones se estaban convirtiendo en una caldera de falta de perdón, hasta la época de Navidad del año pasado. Aunque era el único miembro de la casa con un trabajo, y tenía un trabajo estable que requería cuarenta horas a la semana, para ella era obligatorio proveer y preparar el desayuno-almuerzo favorito de la familia en la mañana de Navidad. Los platos que la familia esperaba eran complicados y requerían mucho tiempo, desde entremeses hasta postres.

Para cuando llegó la mañana de Navidad, Dee estaba exhausta. No dispuesta a tener otro incidente en la época navideña, Dee continuó sirviendo a los miembros adultos del hogar. Mientras estaban sentados en el sofá, veían televisión y se daban el gusto con los videojuegos, Dee puso la mesa, sirvió la comida, lavó los platos y ordenó la casa. Dee pronto se dio cuenta de que, como siempre, la abandonaron para que hiciera sola las tareas de la Navidad. Ellos ni siquiera reconocían lo mucho que ella trabajaba para prepararles la Navidad. No había ningún sentido de gratitud en absoluto. Pronto, el cada vez mayor resentimiento se manifestó. ¡Dee estaba acabada!

Dee anunció su partida y se retiró a su habitación. Era el único lugar donde podía disfrutar cierta apariencia de privacidad en la casa que estaba demasiado llena.

Acababa de cerrar la puerta cuando sintió la convicción del Señor. El Señor le mostró a Dee que su falta de perdón se manifestaba en su mala actitud. Dee tuvo que ordenar y clasificar las cosas por las que estaba enojada y dónde había fallado. De inmediato sintió la libertad que resulta al darle al Señor todas tus frustraciones.

Ese día el Señor le mostró que el pecado crea una verdadera deuda, pero la sangre de Cristo pagó por todas y cada una de esas deudas. Así como no podía seguir requiriendo un pago por una deuda financiera que pagada, sintió que no podía mantener una deuda espiritual en contra de otra persona porque Jesús ya pagó su deuda.

Cuando reconoció que estaba lidiando con la falta de perdón, pudo aplicar el pago de la sangre de Jesús en contra de las ofensas de ellos. Dee se ha dado cuenta de que esta práctica es una gran arma en contra de la falta de perdón.

Lo lamentable es que los miembros de la familia de Dee no han cambiado su comportamiento hacia ella. Siguen desarrollándose situaciones como la de Navidad, pero Dee ha aprendido a reconocerlas y a lidiar con la falta de perdón desde el principio.

La retribución

Hay un anhelo profundo en cada uno de nosotros por retribución. Queremos justicia. Queremos que los malos obtengan lo que les toca. Queremos que el malhechor reciba el castigo. Sin embargo, el deseo de retribución, si se alimenta lo suficiente, puede convertirse en una forma peligrosa de falta de perdón que demanda venganza.

Hace algunos años, estaba cosiendo un edredón en la habitación contigua a la sala de estar. Por la puerta abierta pude oír un lenguaje sucio y ruidos violentos que salían de nuestro televisor. Me dirigí hacia la sala de estar con cada pizca de indignación moral que hay en mí y apagué el vídeo ofensivo. Mi esposo, que estaba sentado en el sofá con mi hijo, estaba indignado.

—¿Qué hiciste? —gritó—. ¡Estaban a punto de atrapar a los malos!

—Brian, hay muchas malas palabras y violencia allí. No quiero que nuestro hijo esté expuesto a eso.

Brian todavía no estaba convencido.

—Pero estaban a punto de atrapar a los malos —repitió.

—Brian, si algunas personas llegaran a nuestra puerta hablando así, ¿los dejarías entrar a nuestra casa?

La respuesta era obvia. Por lo general, Brian se habría negado a dejar que las escenas y el lenguaje que se llevaba a cabo en la pantalla se vieran u oyera en nuestra casa. Sin embargo, se había enganchado con su deseo de ver que a los tipos malos se les impartiera una retribución justa.

¿Qué hay dentro de nosotros que tiene ansias de justicia? Creo que es el residuo de nuestro Hacedor que todavía reside en cada persona que creó.

En cambio, la venganza es peligrosa. Lleva la retribución un paso más allá de la justicia. La ley de Moisés no demandaba justicia, sino ponerle un límite a la sed de venganza del hombre. «Pero en caso de muerte, se pagará vida por vida, ojo por ojo, diente por diente, mano por mano, pie por pie, quemadura por quemadura, herida por herida, golpe por golpe» (Éxodo 21:23-25).

Cuando se nos hiere o lastima, queremos devolver el golpe y hacerle un daño mayor a la persona que nos lastimó. Si me timaste por un dólar, ¡al menos quiero dos dólares a cambio por el dolor y el sufrimiento de que me estafaras uno!

Tengo dos nietos que pelean a menudo. Justo el otro día, cuando el nieto mayor pasó por donde estaba su hermano pequeño, le desarregló el pelo. Su hermanito se enojó y de inmediato se dirigió hacia el pelo peinado de su hermano. El hermanito no solo quería desordenarle el pelo; ¡quería arrancárselo de raíz!

Así es que se manifestó la falta de perdón en mi amiga Heidi. Se había casado a los diecinueve años de edad y se había ido a vivir con sus suegros para que ella y su esposo pudieran terminar la universidad. Parecía un buen arreglo; sin embargo, Heidi pronto se dio cuenta de que su suegro, Bob, no era tan atento y comprensivo como su padre. El tono en la casa de su esposo era muy distinto.

Bob era un hombre muy absorto en sí mismo, insensible, manipulador y agresivo. A cada momento criticaba y recriminaba a su esposa. Aun así, la suegra de Heidi, Dina, trataba a su esposo con mucho respeto y dedicación. Trabajaba mucho toda la semana para proveerle a la familia de cosas esenciales, y de cosas sencillas adicionales que su esposo se negaba a darle.

Heidi llegó a sentirse indignada al ver el abuso de Bob y su comportamiento controlador. Cuando trataba de defender a su suegra, sus esfuerzos se obviaban o frustraban. Pronto sus pensamientos llegaron a llenarse de maneras de vengarse de Bob por su crueldad. Incluso fantaseaba con formas de asesinarlo. Esos pensamientos le daban una sensación de comodidad y control.

Por supuesto que Heidi sabía que no llevaría a cabo acciones de venganza, por lo que su resentimiento se manifestaba de otras maneras. Menospreciaba a Bob en sus pensamientos, en su corazón y en sus conversaciones con sus amigos y familia. Pasaba horas teniendo conversaciones en su mente con Bob y diciendo cosas que no tenía el valor de expresar en voz alta.

Con el tiempo, Heidi y su esposo se graduaron de la universidad y consiguieron buenos trabajos. Se mudaron lejos de Bob y comenzaron su propia familia. Sin embargo, Heidi todavía sentía los efectos de gran repercusión de la cruel forma de ser de Bob, y su resentimiento continuó alimentándose con sus pensamientos de él.

Hacia el final de la vida de Bob, Heidi y su esposo se mudaron de nuevo con sus padres. Al mismo tiempo, a Bob le diagnosticaron demencia, una condición que desafortunadamente intensificaron sus rasgos desagradables. Llegó a desinhibirse por completo con sus insultos crueles. Dina se convirtió más en una esclava para él que nunca antes.

Esta vez, compartir hogar con Bob sumó una nueva descarga de odio en Heidi. Estaba convencida de que no había escape de su tiranía, ni de la trampa de su resentimiento.

Un domingo, Heidi fue a la iglesia con su esposo a regañadientes. No tenía el humor para estar con gente que, según lo sentía, nunca entendería su hostilidad hacia su suegro.

Cuando terminó el servicio, Heidi trató de salir con rapidez, pero oyó que una mujer la llamaba. A solo tres metros de las puertas de salida, Heidi se detuvo. *¡Ay! ¡Déjenme en paz!*, pensó. La voz la alcanzó. Era una amiga. Al ver de inmediato la expresión de Heidi, la mujer le preguntó:

—¿Cómo estás?

Tal vez se debiera a la manera suave e interesada en que la amiga le preguntó, pero algo en Heidi se liberó y comenzó a contarle sobre su ira. Las dos mujeres se sentaron juntas, y Heidi abundó en detalles sórdidos de cómo había sido la vida con Bob durante los últimos dieciocho años. Heidi concluyó expresando cuánto deseaba que Bob cayera en un coma o se muriera para que la familia pudiera liberarse un poco. La amiga se quedó boquiabierta.

—Pero si muere en coma, ¿cómo podrá alguna vez llegar a conocer a Jesús? —le preguntó. Sus palabras salieron directamente del salón del trono de Dios. Penetraron en el corazón de Heidi como una espada.

Aunque Heidi no estaba muy preparada para perdonar a Bob, la convicción de Dios tocó su alma. Miró a su amiga y pidió oración.

Mientras oraban, Heidi sintió una liberación inmediata del odio y de los pensamientos vengativos que había albergado por años. El bulto en su garganta y el peso de su corazón habían desaparecido.

En ese mismo momento, el esposo de Heidi iba por el pasillo de la iglesia hacia ella.

—Se fue —le dijo al mirarlo.

—¿Qué se fue? —le preguntó sin saber nada de la oración que se produjo.

—¡Ya no odio a tu padre! Es raro, pero siento que no me afecta el peso que he llevado encima. Ya no tengo que llevar a rastras este asunto. Volvamos pronto a casa para ver si es real. Quiero ver cómo reacciono cuando lo vea.

Cuando Heidi llegó a casa, su suegro ya estaba dormido. Heidi tuvo que esperar hasta el día siguiente para probar sus reacciones. Bob, como era de esperarse, pidió ayuda a gritos desde su silla. Por lo general, Heidi le habría dicho que él mismo buscara lo que necesitaba; en su lugar, se dirigió hacia él. Estaba segura de que cuando se le acercara, volvería a sus antiguos sentimientos y le daría una bofetada al hombre demente. Sin embargo, no lo hizo. Mientras más se acercaba a Bob, más paz sentía. El hombre que la había aterrorizado y atormentado durante dieciocho años se había convertido en una criatura de Dios a sus ojos.

Heidi le preguntó qué necesitaba. Quería agua. Con placer,

Heidi llenó un vaso de agua y se lo dio a su suegro. Heidi sabía que no solo vivía un milagro, ¡ella era el milagro!

Desde ese momento, Heidi pudo servir a su suegro sin ningún vestigio de sentimientos de hostilidad, ira o venganza. Heidi lo veía de una manera distinta por completo. Él solo era alguien que necesitaba con urgencia el toque de Dios. Su corazón se llenó de compasión y gracia por el hombre que fue su peor enemigo.

Hacia el final de su vida, Heidi fue quien llegó a ser su cuidadora. Lo bañaba, le cambiaba los pañales y atendía cada capricho que tenía. Muchas veces, Bob la miraba y le preguntaba: «¿Por qué eres tan buena conmigo?». Y Heidi le respondía: «Porque Jesús me dijo que lo hiciera. Él te ama».

Heidi no sabe si Bob alguna vez le entregó su vida a Jesús. Espera que él se haya rendido al amor de Jesús. De lo que Heidi está segura es que ella misma se había rendido al amor de Jesús y, al hacerlo, le manifestaba gustosamente el amor y el perdón de Jesús a un hombre muy difícil y endurecido.

Por muchos años, Heidi pensó que su libertad se encontraría en el castigo o la muerte de su suegro. Sin embargo, se dio cuenta de que su libertad llegó al entregarle sus pensamientos vengativos y su falta de perdón en oración a Dios.

Los celos

Es bastante común que los celos se conviertan en falta de perdón. Los celos se definen como un resentimiento en contra de un rival o en contra del éxito o de la ventaja de otra persona. Al igual que muchas mujeres, he batallado con esa poderosa emoción.

¿Captaste el común denominador que circula en cada semillero de falta de perdón? Es el resentimiento. En este caso, el resentimiento surge de la ventaja de otra persona, ya sea educación, personalidad, posición, posesiones, buena apariencia o prosperidad. La pregunta surge en el corazón: «¿Por qué deben tener esa ventaja y yo no?».

La Biblia dice: «Cruel es el furor e inundación la ira; pero ¿quién se mantendrá ante los celos?» (Proverbios 27:4, LBLA).

Para Jenna comenzó de manera muy sutil. Cuando le presentaron a Lynnette, esperaba que pudieran ser buenas amigas. Un amigo que ambas tenían en común, un apuesto joven de la iglesia, le pidió a Jenna que se hiciera amiga de Lynnette, quien era una nueva creyente. Su primera reunión fue un desastre. Cuando le presentaron a Jenna, Lynnette la miró de arriba abajo con esa mirada que dice: «Pesado has sido en balanza, y fuiste hallado falto». De alguna manera, Jenna se desmotivó, pero estaba lista para seguir tratando de convencer a Lynnette.

Lynnette era bonita. Pronto cada joven que Jenna conocía en la iglesia hablaba de Lynnette. Esta empezó a tener confidencias con el novio de Jenna. De repente, Jenna se sintió amenazada. Comenzó con no quitarle los ojos de encima a Lynnette. Observó cosas de Lynnette que antes pasó por alto. ¡Lynnette era una coqueta! Lynnette demandaba toda la atención varonil en el salón. Trataba con arrogancia a las mujeres. Poco a poco el caso en contra de Lynnette tomó forma en la mente de Jenna.

Jenna trató de presentarle su caso a su novio, Rick. Él sonrió. «Jenna, ¿estás celosa de Lynnette?». Rick trató de ser gracioso, pero eso solo fortaleció el resentimiento de Jenna en contra de Lynnette.

Jenna trató de obviar a Lynnette, pero se dio cuenta de que su corazón se enfermaba con la sola mención de su nombre. Quería que la gente se diera cuenta de la verdadera naturaleza de Lynnette. ¿Celosa? Según ella no. Jenna se consideraba juiciosa.

El problema era que... Lynnette empezó a cambiar. Era una nueva creyente cuando Jenna la conoció y todavía se aferraba a parte del bagaje de su vieja vida. Sin embargo, Lynnette estaba dejando el viejo bagaje y crecía en Jesús a grandes pasos. Si era posible, Lynnette se ponía cada vez más bella.

Antes, Jenna fue una líder espiritual en su iglesia y tenía el respeto de las jóvenes que la rodeaban. Ahora, Lynnette le estaba ganando. Jenna perdía terreno.

Cenando con su padre una noche, algo grosero acerca de Lynnette salió de la boca de Jenna. Su padre se puso triste.

—¿Qué pasa? —preguntó Jenna al observar la expresión de su padre.

—Es que nunca antes te había oído decir algo tan desagradable acerca de alguien. Detesto oírte hablar de esa manera. Tú no eres así.

—Tú no la conoces, papá. Ella no es... agradable... es coqueta... y... —farfullaba Jenna.

Su papá se veía compasivo y triste. Jenna comenzó a llorar.

—¿Qué me sucede?

—Jenna, ¿necesitas perdonar a Lynnette?

Jenna lo pensó con detenimiento. Era cierto. Guardaba un resentimiento en contra de Lynnette. Tal vez Lynnette despreciara el primer intento de entablar una amistad con Jenna, pero desde entonces se había acercado a Jenna muchas veces.

Jenna se fue a su habitación y, en la tranquila soledad con Dios, llegó a la raíz de la falta de perdón en su corazón y a los celos que había sentido en contra de Lynnette. Jenna perdonó a Lynnette ante Dios, y pronto llegaron a ser buenas amigas.

Las heridas del corazón y las lesiones antiguas

Sin duda alguna, la falta de perdón se puede disparar por las heridas y el dolor. Sin embargo, las heridas y el dolor no siempre se convierten en falta de perdón. Hay algunas personas que son expertas en entregarle de inmediato el dolor a Dios y se niegan a darle cabida. Hay otras que, en cambio, alimentan la herida y el dolor, de manera que no solo se arraiga, sino que domina todo su corazón.

Talía estaba sentada en la iglesia, pero aunque estaba tranquila, no escuchaba el sermón. Su mente estaba preocupada con la última conversación que tuvo con su mamá. Hacía un recuento mental de todas las cosas groseras que alguna vez le dijera o hiciera su madre. Talía pudo remontarse a su niñez para empezar a contar las ofensas cometidas en su contra. Su madre nunca la había abrazado. Su madre, inmersa en su propia autoestima, siempre había tratado a Talía más como una vergüenza que como una hija. El conteo aumentaba.

Avanzó hacia la escuela primaria. Su madre nunca asistió a una visita libre a la escuela. Talía había cambiado de ser una vergüenza a ser una inconveniencia. Más cuentas. Casi al final del culto, Talía no había oído ni una palabra de lo que predicó el pastor. Se había pasado todo el servicio alimentando el apetito de la falta de perdón.

Había pensado en nuevos puntos de vista desde los cuales ver algunos de los acontecimientos de su niñez. Estaba lista para contárselos a su esposo en el almuerzo. Él entendería por qué albergaba ira hacia su madre.

De repente, las palabras finales del sermón del pastor pasaron por sus oídos y entraron a su conciencia. «Procuren vivir en paz con todos, y en santidad, sin la cual nadie verá al Señor. Tengan cuidado. No vayan a perderse la gracia de Dios; no dejen brotar ninguna raíz de amargura, pues podría estorbarles y hacer que muchos se contaminen con ella» (Hebreos 12:14-15). El pastor se dirigió a la congregación: «¿Hay algún bocado que estás reteniendo que pone en peligro tus derechos básicos? ¿Estás guardando amargura en contra de alguien? ¿Vale la pena que esa amargura ponga en peligro tu relación con Dios?».

¿Conocía el pastor los pensamientos que se formaban en la mente de Talía y que la envenenaban? Parecía que le hablaba directamente a ella. De repente, se dio cuenta de que había estado alimentando su resentimiento hacia su madre con un bocado tras otro. ¿Qué pasaría si dejaba de alimentarlo? Talía decidió intentarlo. Oró y le pidió a Dios que le quitara los pensamientos de resentimiento hacia su madre para que pudiera dejar de darles cabida.

Cuando Talía dejó de alimentar esos pensamientos, se dio cuenta de que desaparecieron. Todavía batallaba con su madre a veces, pero llegó a ver que su madre amaba a Talía profundamente, de maneras que ella nunca había observado. Aunque su madre siguió hiriendo sus sentimientos en ocasiones, Talía decidió tratarlos como incidentes aislados y no alimentar con ellos a la bestia de la falta de perdón. Con el tiempo, se restableció la relación. Ahora Talía y su madre tienen una relación estrecha.

Proverbios 17:14 dice: «El comienzo de la contienda es como el soltar de las aguas; deja, pues, la riña antes de que empiece» (LBLA). Si podemos comenzar a reconocer el semillero de la falta de perdón cuando empieza a entrar en nuestra mente, será mucho más fácil perdonar. En cambio, si no tenemos en cuenta esos semilleros peligrosos y les damos tierra fértil, agua y nutrientes, crecerán y llegarán a ser una planta tremenda que solo se puede arrancar con un esfuerzo consciente y fuerza. Es mejor atraparlo al inicio, como lo advierte el proverbio, antes de que llegue a ser «como el soltar de las aguas».

Preguntas para el estudio y la reflexión personal

1. ¿Cómo definirías la falta de perdón?

2. ¿Cómo definirías el perdón?

3. ¿Qué semillero de falta de perdón has experimentado? ¿Cómo lidiaste con esto?

4. ¿Qué semillero consideras que es el más peligroso?

5. Lee Hebreos 12:14-15. ¿Por qué crees que es importante tener «cuidado» para ver si hay alguna «raíz de amargura»?

6. Da un ejemplo de alguna época en la que albergaste resentimiento en tu corazón.

Oración

Querido Señor:

A veces, mi deseo de justicia puede convertirse en
una sed de venganza. Ayúdame a confiar en ti con
cada parte de mi vida, incluso con las heridas y los
conflictos. Espero en ti, mi Padre de misericordias,
a fin de que me liberes de tratar de ser jueza y
tribunal de los que me han hecho daño o de los
que amo. Tú ves el panorama general. Conoces los
corazones y las necesidades de los involucrados...
incluso el mío.

Hoy, te entrego mi ira y mi resentimiento de modo
que pueda descansar en tu paz y en tu voluntad.
Enséñame a vivir como una mujer que busca lo
mejor de ti en cada circunstancia. Permite que
cada día te pida que gobiernes en mi corazón y
que me enseñes a caminar en tu sabiduría. En el
nombre de Jesús, amén.

LAS CONSECUENCIAS DE
LA FALTA DE PERDÓN

Para mí siempre ha sido difícil resistir una invitación de mi papá. ¡Y esta no fue la excepción! Al levantar el teléfono, oí su voz animada.

—¡Hola ángel! —era su saludo de costumbre—. Hay un hombre en la iglesia dueño de una tienda de alfombras en Fullerton. Tiene unas buenas ofertas ahora mismo. Pensé que podíamos ir juntos y buscar alguna alfombra para tu casa.

Papá se había convertido en un participante activo en arreglar la casa que acabábamos de comprar. Sabía que Brian y yo estábamos buscando una alfombra nueva que hiciera juego con las renovaciones que estábamos haciendo.

—Dick Lane está en el hospital allí y quiero hacerle una visita corta. Podríamos matar dos pájaros de un tiro.

¿Dick Lane? Mi mente dio vueltas. Dick había sido un amigo cercano y de confianza de mi papá. Traicionó esa confianza cuando le hizo trampa a mi padre en una inversión de negocios. Dick decidió dejar la iglesia en lugar de disculparse con mi papá y pagarle el dinero que se robó.

—¿Qué le pasó a Dick? —le pregunté.

—Tuvo un derrame cerebral y no está muy bien.

—¿Sabe que vas a verlo? —pregunté.

—No, pero hablé con su esposa y ella se sintió muy bendecida porque quería verlo.

Papá me recogió y fuimos a Fullerton. Antes de ver las muestras de alfombras, nos detuvimos en el hospital donde se recuperaba Dick.

Recorrimos largos pasillos estériles hasta la habitación de Dick. La puerta estaba abierta y Dick estaba sentado en la cama. Yo estaba parada detrás de mi papá cuando él suavemente golpeó la puerta para llamar la atención de Dick. Él miró hacia arriba y comenzó a llorar.

Antes de que pudiéramos entrar a la habitación, Dick empezó a derramar su corazón. «Ay, Chuck, lo siento. Lamento mucho todo lo que hice. Tú fuiste el mejor amigo que tuviera jamás. Quería volver a la iglesia. Quería arreglar las cosas... solo que no pude hacerlo nunca».

Papá haló una silla junto a la cama de Dick y se sentó. Tomó la mano de Dick de una manera varonil y dijo: «Ah, Dick, te perdoné hace mucho tiempo. La puerta siempre ha estado abierta».

Los hombres comenzaron a hablar como viejos amigos. Hablaron de sus hijos, de sus esposas y de la salud de Dick. Yo estaba sorprendida. Las palabras y el comportamiento de papá decían demasiado para mí. Yo tenía muchas puertas cerradas en mi pasado. Había gente que había sacado de mi corazón y mi vida. Allí estaba mi papá dejando la puerta abierta.

En el auto, camino a la tienda de alfombras, le dije a papá lo orgullosa que estaba. «Bueno, Cheryl», dijo. «Jesús nunca nos ha cerrado la puerta. Él no quiere que les cerremos la puerta a los demás».

Papá había tomado la mejor decisión al dejar la puerta abierta a la reconciliación. Cuando llegó el tiempo, encontró la oportunidad para la restauración y la sanidad.

Conozco a otro hombre, como de la edad de mi papá, cuya vida se compone de puertas cerradas. Le ha cerrado su corazón a una persona tras otra. Aunque el hombre creció en un hogar cristiano y quería una vocación en el ministerio, ha desperdiciado todas sus energías cazando a los «malos» y tratando de expulsarlos de su vida. No importa cuál sea la ofensa, ya sea real o imaginaria, se aferra a ella mucho y nunca olvida. Su familia está separada de él. Tiene muy pocos amigos. Por sus malas inversiones, culpa a la gente que le dio un mal consejo. Cuando era joven, tomó la funesta decisión de no perdonar. Se convirtió en un patrón compulsivo en su vida. Lo trágico es que ahora se enorgullece de su falta de perdón. Es posible que no haya perdido todo lo valioso de su vida, pero todavía atesora esa lista de ofensas compuesta por todo el que le ha hecho daño.

Hay mucha gente que, al igual que este hombre, establece patrones negativos en su vida. Llegan a estar encadenados a esos patrones de actitudes amargas, falta de perdón y resentimiento, y a menudo no están dispuestos a hacer un cambio hacia el perdón. A continuación, en este capítulo, se encuentran las historias de las consecuencias trágicas de esas malas decisiones.

Una mala decisión tras otra

Para Ana, la decisión comenzó cuando todavía era una niña. Sin darse cuenta, decidió ingerir la falta de perdón con la que su madre la alimentó. Cuando Ana tenía apenas ocho años, su padre abandonó a la familia. La madre de Ana se molestó por tener que volver a trabajar y proveer para su hija. Se negaba a educar a su hija y, en su lugar, la alimentaba con una dieta fija de inseguridad, temor al abandono y celos. Cada día, Ana oía esta amonestación: «Nunca confíes en un hombre. Te dejará por otra mujer».

Ana llegó a resentirse por todo en la vida. Estaba resentida con su primer esposo, que la embarazó a los diecinueve años. Le disgustaba la pequeña que dio a luz e incluso años después dijo que «la engañaron para tenerla». Ana se molestaba por criar a su hija y la otra hija que llegó después.

Ana decidió alimentar a sus hijas con la misma dieta emocional que recibió ella en la niñez. Gritaba, lloraba e intimidaba a sus hijas, a la misma vez que se mantenía tan distante de ellas como le fuera posible. Aterrorizaba a las niñas diciéndoles que cuando su padre volviera a casa del trabajo las iba a tratar con violencia. Nunca ocurrió ninguna recriminación por parte de su padre. Solo era la forma en que su madre metía cuñas en la relación de su padre con ellas.

Cuando Marsha, la hija mayor de Ana, tenía doce años, su padre se fue. Eso confirmó el mantra de la madre de Ana de: «Nunca confíes en un hombre. Te dejará por otra mujer».

Marsha y su hermana anhelaban una relación con su padre divorciado. Su padre fue al tribunal para asegurarse de tener derechos de visita y custodia parcial de las hijas que amaba. La difícil experiencia fue muy agobiante para las niñas. Tuvieron que explicarle al tribunal por qué querían una relación con su padre, y acerca del abuso verbal de su madre. Después que Marsha testificó, a su madre la tuvieron que refrenar de manera física. Le gritó a Marsha en el pasillo: «¡Espero que recuerdes este día cuando estés de parto!».

A Ana le fue imposible mantener una relación saludable con un hombre. Iba a la deriva de una relación a otra. Quedó embarazada una tercera vez de un hombre con el que no estaba casada. Entregó al bebé en adopción.

Ana saboreaba cada bocado de resentimiento en su corazón. Alejaba a todo el que trataba de ayudarla, incluso a dos esposos más.

Cuando Marsha llegó a ser cristiana, quiso ayudar a su madre. Marsha decidió perdonar a Ana y la buscó una y otra vez. En una ocasión, Marsha llevó a su madre a la iglesia. La mujer que estaba sentada junto a Ana, al ver el dolor grabado en su rostro, la tomó de la mano y le susurró: «Yo te amo». Unas grandes lágrimas rodaron por las mejillas de Ana. Marsha se dio cuenta de que su madre tenía hambre de amor. Ana nunca se había sentido amada por nadie. Su madre la abandonó en lo emocional y dos esposos de manera física, e incluso sus dos hijas se alejaban de ella. Para Ana era imposible amar porque nunca la habían amado. Marsha oró para que Dios le diera su amor divino por su madre.

Por más de cuarenta años, Marsha trató de ministrar a Ana. Cada vez que visitaba a su amargada madre, Ana estaba enojada y era exigente. Marsha aprendió a ser precavida a fin de preservar su propio bienestar espiritual y emocional. Marsha hizo todo lo que pudo para ayudar a su madre. Le pidió perdón por cualquier herida que quizá le ocasionara. Sin embargo, Ana desviaba la conversación. Marsha trató de investigar a su mamá para entender el dolor que ocasionaba tal hostilidad hasta la ira en Ana. Marsha llegó a temerle al tiempo que pasaban juntas.

Marsha leyó en su Biblia que Jesús era bondadoso con los ingratos y los malvados (Lucas 6:35, NVI®). Así que con vigor renovado, trató de mostrarle a su madre el amor transformador de Dios. Marsha sabía que no podía cambiar a su madre, pero podía hacer cosas bondadosas para ella y bendecirla.

Marsha y su esposo pasaron por una época difícil de estrecheces. Durante esa época, Marsha tuvo que suspender sus visitas a su madre hasta tanto se arreglaran las cosas. Cuando se alivió el asunto, Marsha volvió a sus visitas. Ana estaba más enojada que nunca. Manifestaba su amargura y su ira de maneras visibles y crueles. Entonces, Ana dijo enfadada:

—¡Espero que algo malo les pase a todos ustedes!

Marsha trató de tenerle lástima a su madre. Con una voz que tenía la intención de ser tranquilizante, le preguntó:

—¿Es ese el amor de una madre?

A ese poco de corrección, Ana respondió:

—¡Tú no eres mi hija! —le respondió Ana ante esa pizca de corrección.

—Si en realidad te sientes de esa forma —le propuso Marsha—, no vuelvas a llamarme.

En ese momento, Marsha oyó la voz del Señor que la consolaba. «Eso es todo, Marsha. Haz hecho todo lo que te pedí que hicieras. Yo me encargo ahora».

Aunque Marsha sabía que la ira y el resentimiento que Ana mostraba era una culminación del odio, de la amargura y de la hostilidad que tenía hacia todo el que la hería, todavía era demasiado para que Marsha lo soportara. Ana había agregado un elemento enfermizo a su matrimonio y a su familia.

Ana está sola. Vive una vida muy amargada. No tiene amigos. Su propia familia espera que sea la que inicie la reconciliación. Ana está decidida. No quiere cambiar. Una serie de decisiones llenas de resentimiento la han dejado como una anciana amargada que vive una vida amargada.

Marsha, por otro lado, ha aprendido una valiosa lección de su madre. Ha aprendido a llevar cuentas pequeñas y a aprovechar cualquier oportunidad para decidir perdonar.

Se quedó sola

Penny estaba emocionada por su nueva casa. Suplía a la perfección sus necesidades y las necesidades de su esposo y sus hijos. Fue grandioso mudarse a un vecindario nuevo donde todas las casas se acababan de construir, todos comenzaban a conocerse y entablaban amistades.

Sin embargo, antes de que Penny pudiera comenzar a ser amiga de su vecina, la mujer llegó gritándoles a sus hijos a su puerta del frente. Penny trató de averiguar lo que hicieron los niños, pero la mujer, Helen, estaba demasiado molesta como para establecer un caso razonable.

Unos días después, la policía llegó a la puerta de Penny. Había una queja puesta en contra de Penny y sus hijos. Uno de los chicos trató de atropellar a la vecina con su auto. Penny le dijo al policía que eso no era cierto.

Otra queja llegó al día siguiente. Esta vez acusaban a Penny y su familia por perturbar la paz. El policía llegó para verificar la queja. Una queja seguía a la otra. Los oficiales de la policía se convirtieron en una vista común en la puerta de Penny. Se dio cuenta que les abría la puerta con las palabras: «¿Y qué hemos hecho ahora?».

No solo eran las quejas que llegaban en rápida sucesión. También los ataques a voz en cuello y el lenguaje impropio que volaban desde la casa de su vecina. La casa de ensueño de Penny se estaba convirtiendo en una pesadilla.

Penny oró y le pidió ayuda a Dios. No fue fácil para Penny entregarle al Señor cada uno de los reproches y las quejas de su vecina. Sin embargo, los que tenían que ver con los ataques de su vecina en contra de sus hijos eran los más difíciles de perdonar. Penny siguió tomando la decisión consciente de perdonar; aun así, se tenía que hacer algo. Una idea le vino a la mente. Su vecina era inglesa. Penny prepararía un té inglés en una bonita bandeja y lo llevaría a la casa de al lado.

Penny horneó bizcochos, hizo sándwiches e hirvió agua para el té. Sacó una gran bandeja y arregló todo con un orden bello. Lo cubrió con una servilleta decorativa y se dirigió a la casa de la vecina. Oraba mientras caminaba y mientras golpeaba a la puerta de Helen.

Cuando Helen abrió la puerta, fue evidente su impacto al ver a Penny parada allí con la bandeja en sus manos.

—¿Qué quieres? —dijo en tono exigente.

—Quiero tomar el té contigo —dijo Penny con amabilidad.

La vecina abrió la puerta y le hizo señas a Penny para que entrara. Señaló una mesa de centro en la sala y Penny puso la bandeja. Retiró la servilleta y reveló el bello conjunto que preparó. La vecina se ablandó visiblemente.

Durante la próxima hora las dos mujeres conversaron como viejas amigas. Antes de que Penny recogiera los platos sucios, le preguntó a su vecina:

—¿Puedo venir otra vez?

—Sí, por favor —respondió la vecina.

Llegó a ser un ritual regular entre las dos mujeres los miércoles por la tarde. Con el tiempo, Penny se enteró que a Helen la separaron de sus hijos y de su esposo. Ellos siguieron viviendo en Inglaterra, en tanto que Helen se mudó a los Estados Unidos. Helen guardaba resentimiento en contra de cada uno de sus familiares. Cuando todavía vivía con su familia, la enfrentaron por su alcoholismo. La obligaron a elegir entre una relación con ellos y su alcohol. Helen negó que tuviera problemas con el alcohol y se rehusó a buscar ayuda. Su hijo, sus hijas y su esposo, después de años de suplicarle, dejaron a Helen a las consecuencias de sus acciones.

Helen disfrutaba de la autocompasión en la que se había hundido. No podía ver su culpabilidad en las circunstancias que separaron a su familia. Penny se dio cuenta de que Helen casi siempre estaba ebria cuando compartían el té.

Las dificultades financieras afectaron a la familia de Penny. Ella tuvo que ponerse a trabajar. Las reuniones de té semanales tuvieron que posponerse. Al principio, siguieron de manera esporádica. Entonces Penny, cansada del trabajo, pronto dejó de esforzarse.

Al poco tiempo, la policía comenzó a reaparecer en la puerta de Penny. De nuevo, Helen comenzó a gritarles groserías a los hijos de Penny. «¿Qué pasó?», se preguntaba Penny. Creía que Helen y ella eran amigas.

Penny se dirigió a la casa de Helen y golpeó en la puerta. «Helen, ¿qué pasa?», le preguntó.

Helen se puso tensa. «Eres igual que todos los demás. Me dejaste. Solo fingiste ser mi amiga para que yo no presentara cargos. Bueno, ¡se acabó! ¡Te veré en el juzgado!» Helen cerró la puerta de un golpe en la cara de Penny.

Penny trató de reencontrarse con Helen. Dejaba sus dulces notas en su buzón. Hizo otra bandeja llena de delicias, pero Helen solo le gritaba desde la puerta cerrada. Al final, Penny tuvo que dejar a su vecina en paz. Con el tiempo, ella y su familia se mudaron. Nunca hubo otro punto de conexión ni amistad con Helen. Hay demasiadas historias como la de Ana y Helen. Conozco hombres que guardan rencores con más fuerza que sus billeteras. Siguen ocasionándose dolor por su renuencia a perdonar, pero ven el dolor como una indignación justa.

Me enteré de un pastor que predicó un sermón sobre «Por qué el perdón no es necesario». Aparte de que no es una proposición bíblica y nada parecida a Jesús, es una teología enfermiza. Se trata de una aplicación errónea de Lucas 17:3-4: «Así que, ¡tengan cuidado! Si tu hermano peca contra ti, repréndelo; y si se arrepiente, perdónalo. Si en un solo día peca siete veces contra ti, y siete veces vuelve a ti el mismo día y te dice: "Me arrepiento", perdónalo». El pastor afirmó que el perdón solo es necesario si la persona se arrepiente.

Jesús no predicó el perdón sobre la base del arrepentimiento. Él nos perdonó cuando todavía éramos pecadores (Romanos 5:8). Jesús clamó desde la cruz: «Padre, perdónalos, porque no saben lo que hacen» (Lucas 23:34). Jesús nos perdonó antes de que nos arrepintiéramos siquiera. Nuestro arrepentimiento es nuestra aceptación de lo que nos ofreció Él. Cuando nos arrepentimos, aceptamos el perdón que nos da Él y, a continuación, se nos libera de las pesadas consecuencias de nuestro pecado.

De la misma manera, debemos brindarles perdón a todos los que nos ofenden. Nuestro perdón no se puede declarar en función de su arrepentimiento. Si esperamos que los ofensores se arrepientan, se nos dejará sosteniendo la amarga bolsa de la falta de perdón en nuestro corazón.

El segundo problema con esta mala teología es que Dios es el único que establece la norma para el arrepentimiento. Cuando mis hijos eran pequeños, después que uno de ellos le pedía perdón al otro, a menudo escuchaba estas palabras: «No basta con pedir perdón».

Hay algunas personas que no aceptarán ninguna propuesta de arrepentimiento. Siempre exigirán más para que puedan mantener la falta de perdón en contra de otro. Mientras esperan que se cumplan sus requisitos, solo encontrarán un aumento de hostilidad, resentimiento e ira. Es posible que si se cumplen los requisitos, habrá todo un nuevo listado de requisitos irreales a la espera.

Si estás esperando que alguien se arrepienta antes de que decidas perdonarlo, ten cuidado de no comenzar a establecer un patrón de guardar rencores mientras esperas.

Un patrón de falta de perdón es un asunto peligroso. Hay personas que se encuentran tan endurecidas en las rutinas que han establecido que es casi imposible liberarse. Es mejor detener el patrón cuando todavía tienes la fortaleza y la determinación de hacerlo.

Antes de que podamos concluir este capítulo, siento que es imperativo dar una última advertencia a cualquiera que lea estas páginas y que se sienta justificado para retener cualquier hostilidad, animosidad, rencores e incapacidad para perdonar. Aferrarse a la falta de perdón es una decisión muy costosa.

Cuando tener razón se vuelve enfermizo

Hay mucha gente que camina por los cementerios de la falta de perdón que comenzó su búsqueda con una causa justa. Cuando su petición de justicia no se atendió de inmediato, comenzaron a guardar resentimiento. El resentimiento se agrió en su sistema y liberó el veneno mortal de la amargura a través de su cuerpo.

La historia de una causa justa que se convierte en una rebelión pecaminosa y en amargura se encuentra en la vida de Absalón, hijo del rey David. Su historia trágica se encuentra en 2 Samuel capítulos 13—18.

Se decía de Absalón que de todos los hijos de David era el más apuesto y admirado. Tenía una personalidad encantadora y era popular con el pueblo de Israel. Tenía un sentido moral fuerte y a menudo debatía en los asuntos legales de Israel. También fue un hermano mayor afectuoso con su bella hermana, Tamar. Como uno de los hijos mayores de David, y nieto del rey de Gesur, Absalón tenía una fuerte demanda por el trono de Israel. Absalón comenzó su búsqueda con una causa justa. Con razón, se enojó con su hermano Amnón. Este violó a su hermana Tamar. Absalón esperaba que su padre David actuara de manera justa y que castigara a Amnón por su crimen atroz. Sin embargo, David fue negligente con sus responsabilidades, y aunque el asunto lo alteró en forma visible, lo echó a un lado y no hizo nada.

Después de dos años de esperar que su padre actuara, Absalón tomó la justicia con sus propias manos. Llevó a cabo una fiesta en su casa y pidió que asistieran todos sus hermanos. En la fiesta, los sirvientes de Absalón emboscaron y asesinaron a Amnón. Entonces, Absalón huyó al reino de Gesur y vivió allí hasta que le llamaron para que volviera a Israel a petición de su padre, David.

Absalón regresó a Israel y esperó la aceptación de su padre. Después de una breve reunión, David prácticamente no tuvo en cuenta a su hijo y lo trató con indiferencia. Eso no fue adecuado. Durante los próximos cuatro años, una ira lenta y ardiente comenzó a inflamarse en Absalón. Reunió un ejército, un impresionante despliegue de hombres, y se fue a Hebrón, donde nombraron rey a su padre. Allí, rodeado de doscientos hombres de Jerusalén y el consejero principal de David, Ajitofel, proclamaron rey a Absalón.

La ira de Absalón no se doblegó con la rebelión abierta en contra de su padre. Llevó su venganza un poco más adelante. Marchó hacia Jerusalén, obligando a David a abandonar el palacio y la ciudad. Entonces, Absalón deshonró a su padre en público antes de planificar un asalto en su contra.

El reino de Israel se dividió entre los hombres que le eran leales a David y los que le eran leales al príncipe Absalón. La nación entró en una guerra civil extenuante en la que las víctimas ascendieron a veinte mil. A Absalón lo capturaron y lo mataron. Su cuerpo lo lanzaron a un gran hoyo en el bosque y lo cubrieron con muchas piedras.

Debo admitir que al principio de la historia de Absalón simpatizaba con el joven, moral y apuesto príncipe de Israel. Sin embargo, de alguna manera en los años siguientes, la falta de perdón de Absalón hacia su hermano Amnón fue tan intensa que no pudo apaciguarse ni con la muerte de Amnón. La ira ardiente de Absalón se convirtió en una fuerza autodestructiva con consecuencias devastadoras para la nación de Israel. Absalón comenzó en la justicia, pero debido a que permitió que la ira, la amargura y la falta de perdón se inflamaran en su corazón, su vida acabó en humillación.

El fin trágico de Absalón sirve como advertencia a cualquiera que se aferra a la falta de perdón. Los estragos de aferrarse a la falta de perdón son costosos. Produce más que caos emocional. Tiene un efecto adverso en la salud mental, física y espiritual de uno. A decir verdad, lastima al que se aferra a ella y la alimenta más que al que va dirigida.

No vale la pena tener ira, resentimiento y una actitud de falta de perdón debido al efecto que tiene en ti. Por tu propio bienestar y salud es hora de que considere el camino hacia el perdón.

¿Cuáles son tus patrones?

¿Te acuerdas cuando eras niña y hacías una cara fea? Por lo general, alguien te advertiría: «Será mejor que tengas cuidado. Si el viento sopla mientras haces esa cara, ¡te quedarás así para siempre!». Esa advertencia fue suficiente para hacerme cambiar mi mueca en una sonrisa. No quería pasar el resto de mi vida con una cara fea y el ceño fruncido.

Aunque todos sabemos que el viento no puede paralizar la expresión de la cara con una apariencia detestable para toda la vida, es cierto que si continuamente decidimos ser feas y no perdonar, podemos fijar un patrón amargo y duradero. Ese patrón indeseable estará con nosotras toda la vida y nos dejará devastadas, solas e infelicísimas.

Me encuentro con gente que comienza su queja de otra persona con estas palabras: «En realidad, amo a esa persona, pero...». Siempre soy un poco cautelosa con este comienzo. Por lo general, lo que sigue es una lista de ofensas que ha cometido la persona «amada». Creo que sería mucho más sincero decir: «En realidad, batallo con amar a esta persona por lo que ha hecho». Una revelación sincera de nuestros verdaderos sentimientos es la mejor base con la cual trabajar. Cuando somos sinceros con nosotros mismos ante Dios, Él puede obrar de manera más eficaz en nosotras, ayudándonos a pasar del reconocimiento a la decisión.

En 1 Corintios 13:4-8, Pablo resume las características del amor. Estas características conforman una buena prueba decisiva para nuestra afirmación de amar a los que creemos que hemos perdonado. Para un pronóstico exacto, he formulado los atributos del amor como preguntas que podemos hacernos a nosotras mismas.

- ¿Soporto las ofensas de esta persona con bondad?
- ¿Envidio la prosperidad de esa persona?
- ¿Me siento obligada a exhibir mis propios logros comparándolos con sus éxitos?
- ¿Me siento superior a la persona que me ofendió?
- ¿Me he comportado de manera impropia con ella?
- ¿Mantengo un registro de todos los agravios que me han hecho otros?
- ¿Me preocupa más mi propio bienestar que los suyos?
- ¿Me disgusto con facilidad por su comportamiento?
- ¿Le deseo el mal?

- ¿Me alegro cuando fracasa o cuando otros la ven fracasar?
- ¿Me gozo al enterarme de su progreso espiritual?
- ¿Le soy leal aun cuando me ofende?
- ¿Espero y deseo lo mejor para ella?

Si respondiste estas preguntas con sinceridad, te darás cuenta de que necesitas amar más y de varias maneras. La buena noticia es que no estás sola. Todos tenemos que seguir reconociendo nuestras insuficiencias y luchas. El reconocimiento de nuestras deficiencias es lo que nos ayuda a decidir perdonar y buscar la ayuda y el poder de Dios para hacerlo.

La única manera de fallar en la prueba de 1 Corintios 13 es no siendo sincera en tus respuestas y seguir negando las verdaderas debilidades de tu corazón. El amor que se define en esta porción de las Escrituras es un amor que es divino. Desde el punto de vista humano, va más allá de nuestro entendimiento. Este amor requiere de una confesión sincera del fracaso de los sentimientos actuales que poseemos y una búsqueda en oración del divino amor que Dios quiere que obre en nosotros y por medio de nosotros.

Podemos establecer un buen patrón de verdadero amor y perdón si estamos dispuestas a reconocer cuándo nos falta esta clase de conexión emocional con otra persona, y le pedimos a Dios que su amor divino nos domine. En cuanto nos metemos en el patrón de admitir nuestra insuficiencia y de pedirle ayuda a Dios, Él nos fortalece para que amemos con su amor.

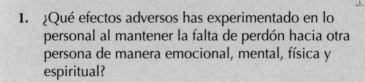

Preguntas para el estudio y la reflexión personal

1. ¿Qué efectos adversos has experimentado en lo personal al mantener la falta de perdón hacia otra persona de manera emocional, mental, física y espiritual?

2. ¿Qué advertencia obtienes de la historia de Absalón?

3. ¿Por qué razones animarías a alguien a perdonar a otra persona?

4. ¿Por qué la amargura es peligrosa?

5. Enumera los aspectos del amor donde te encuentras deficiente. Ahora, entrégale esos mismos aspectos a Dios.

Oración

Querido Señor:

Sé que hay patrones que he desarrollado en mi vida para proteger mi corazón y hasta para proteger a otras personas que quiero. Ahora veo que esa es mi forma de mantener el control y de construir barreras entre mi persona y la acción del perdón. No quiero guardar rencores, llegar a estar amargada, ni a distanciarme de otros ni de ti. Suaviza mi corazón y mi mente cuando esté poco dispuesta a perdonar a alguien en mi vida. Tu amable estímulo me llama a buscar la libertad en este paso valiente e importante. Tú estás allí para mí, incluso en medio del dolor que ocasionó otra persona. Cuando perdono, descanso en tu fortaleza y no en la mía. Es muy bueno saber que no estoy sola y que tu gracia es suficiente para mí y para todos tus hijos. En el nombre de Jesús, amén.

Capítulo 5

POR QUÉ ESTÁS LISTA PARA PERDONAR

Puesto que tienes este libro en tus manos, es posible que estés anhelando encontrar una manera de creer que te han perdonado o encontrar la manera de hacer algo saludable al perdonar a otros en tu pasado o en tu presente. Tal vez estés lista para que ocurran ambas cosas y estás cansada de sentir el peso de la falta de perdón que te lleva a la infelicidad, la vergüenza, el lamento y a todos esos hoyos emocionales y espirituales en los que podemos vivir con tanta facilidad por años.

Ya diste algunos pasos importantes, así que dedica un momento para alegrarte por eso y para regocijarte por el avance. Vamos en camino para experimentar los beneficios de vivir en la gracia y aceptar la gran oferta de Dios.

Perdonar a alguien es bueno para ti. Aferrarte a la falta de perdón ocasiona estragos en tus emociones, en tu estado mental, en tu bienestar físico y en tu vida espiritual; sin embargo, el perdón llena esos aspectos de luz, vida y esperanza.

Eso no quiere decir que el camino y el trabajo personal que se requieren para perdonar sean fáciles. Todo el proceso puede ser bastante arduo para la gente. En cambio, quizá sea un poco más fácil comenzar la jornada cuando nos damos cuenta que los dividendos valen la pena, son sanadores y eternos. El perdón es una de las mejores cosas que puedes hacer por ti misma.

Tomemos tiempo para darle un vistazo a esas áreas de salud y sanidad, y para esperar los beneficios que experimentaremos en nuestra trayectoria de aprender a perdonar y recibir perdón.

Los beneficios emocionales

El perdón fortalece los vínculos emocionales cuando se extiende en una relación continua que quieres nutrir. Piensa en una conexión que tengas con una amiga o con tu esposo, o con un familiar, que involucre el perdón mutuo y por ambas partes. Es posible que se haya fortalecido con la acción del perdón. La confianza se puede establecer con más facilidad entre la gente que se otorga gracia la una a la otra.

A las personas que deciden perdonar les resulta más sencillo resolver el conflicto, mantener relaciones a largo plazo y tener en general relaciones de mejor calidad que los que se niegan a perdonar. La siguiente historia acerca de Barry ilustra cómo Dios puede transformar los corazones más duros.

Barry creció con un padrastro que era abusivo de manera verbal y física. Sentía que había vivido su vida andando con pies de plomo con el hombre abusivo. Nunca sabía lo que haría que su padrastro tuviera uno de sus arrebatos violentos.

Mientras estaba en el instituto y luego hasta bien entrado en sus veinte años, la ira de Barry era evidente cada día. Después que se cepillaba los dientes en la mañana, agarraba los lados del lavamanos con toda su fuerza y miraba al espejo. Y todos los días, se miraría a los ojos y se juraría que algún día mataría a su padrastro.

Por fuera, Barry se veía como un tipo tranquilo, y muy pocos de sus amigos sabían de las emociones que hervían en su interior. Usaba su ira interna como combustible para el ejercicio físico y pronto llegó a ser un atleta estrella en su escuela. Era apuesto, bien aceptado y atractivo. Tenía muchos amigos, pero no tenía una relación cercana con ninguno de ellos. A fin de cuentas, Barry estaba solo con su juramento.

Después que Barry se graduó del instituto, trabajó en varios empleos. Salía con chicas, pero nunca le permitió a ninguna mujer que lo conociera bien. En épocas de soledad, se sentía frustrado por su incapacidad de sentirse cerca de nadie; sin embargo, aceptaba que no era la clase de persona que sentaba cabeza. Entonces, una noche cambió todo. Fue la noche en que Barry le entregó su vida a Jesús.

Alguien le habló de cómo podría tener una relación con Dios. La idea de que Dios lo amara y lo conociera fue una chispa de esperanza. Estaba muy ansioso de averiguar cómo desarrollar esta relación y con empeño oró para darle la bienvenida a Jesús en su corazón y su vida.

No sintió ninguna diferencia inmediata después de orar. No obstante, al día siguiente pudo percibir un verdadero cambio en su actitud hacia la gente. Sentía una profunda preocupación por sus amigos que nunca antes había sentido. Cuando la curiosidad de Barry acerca de Dios se convirtió en un hambre por conocer a Dios, desarrolló un interés profundo por el bienestar espiritual de los demás. Les hablaba a sus amigos de Jesús y muchos llegaron a ser salvos. Comenzaron a reunirse de manera regular para orar y hacer estudios bíblicos.

Un día, Barry llamó a la casa de su mamá. Su padrastro respondió. Era la primera vez que Barry hablaba con él desde que se convirtió en cristiano. Barry estaba impactado por el tono de su propia voz. Era amigable y optimista. Entonces fue que se dio cuenta de que pasaron meses desde que repitió su juramento en el espejo del baño. Barry ya no odiaba a su padrastro. La enemistad se acabó.

Barry comenzó a observar que ya no estaba el distanciamiento que alguna vez caracterizara su vida. Con el tiempo, conoció a una chica cristiana y se casó. Cuando hablé con Barry, me expresó el gozo por estar muy apegado en lo emocional a su esposa y a sus hijos.

Antes de que Barry perdonara a su padrastro, le era imposible entablar relaciones saludables con los demás. Su odio por su padrastro saboteaba cada relación que tenía. Una vez que perdonó a su padrastro y recibió a Jesús en su corazón, descubrió un nuevo amor y una empatía por la gente. Dios le dio la libertad y el regalo de desarrollar relaciones profundas y significativas.

Los beneficios mentales

Proverbios 23:7 dice: «Porque cual es su pensamiento en su corazón, tal es él [hombre]» (RV-60). En otras palabras, eres (o llegas a ser) lo que piensas. Cuando tus pensamientos son negativos constantemente, te conviertes en una persona negativa. En Mateo 12:34, Jesús dijo: «De la abundancia del corazón habla la boca».

¿Alguna vez tu boca ha traicionado los sentimientos que había en tu corazón? ¡La mía sí! Estaba molesta con una mujer de la iglesia por hablar en mi contra. (Pronto verás la ironía de esta historia). No le había contado a nadie acerca de mis sentimientos. Por fuera, la trataba con deferencia y amabilidad.

Sin embargo, una noche, cuando mis hijos estaban enfermos, tuve que quedarme en casa y no fui a la iglesia. Después de la iglesia, vino nuestra amiga Lizzy. Esta joven, que vivía en la misma calle, pasaba a menudo por la casa y Brian y yo le teníamos un cariño especial.

Ella halagó a Brian en el servicio cuando se mencionó algo de la mujer que me había alterado. Desde el sofá yo dije algo despectivo de ella. Solo salió de mi boca.

Brian y la joven se veían impactados. «El punto principal del mensaje de esta noche fue de por qué es importante hablar bien de los demás».

Yo estaba muy avergonzada. Estaba a punto de llorar. Me di cuenta de que tenía un problema del corazón. Se lo confesé a los dos porque no tenía sentido encubrirlo. Oré y Dios se encargó de eso. ¡Huy!

Ese fue uno de los días en los que mi boca traicionó los verdaderos sentimientos de mi corazón. Allí estaba yo enojada con esta mujer por hablar de mí, ¿y qué hice yo? Las mismísimas cosas que me había hecho ella. Dije algo desagradable acerca de su persona.

Los beneficios mentales de perdonar son numerosos. Primero, cuando nos deshacemos de esos pensamientos negativos que nos están plagando, somos libres para pensar buenas cosas. Filipenses 4:8 menciona la clase de pensamientos que deben ocupar nuestra mente: «Por último, hermanos, consideren bien todo lo verdadero, todo lo respetable, todo lo justo, todo lo puro, todo lo amable, todo lo digno de admiración, en fin, todo lo que sea excelente o merezca elogio» (NVI®).

No hay lugar para los pensamientos que crea la falta de perdón en este listado divino. Los pensamientos no perdonadores no siempre son verdaderos. Sin duda alguna, no son respetables. Rara vez son justos. No son puros, amables, ni dignos de admiración. No son excelentes ni merecen elogios. La falta de perdón nos hace pensar en los peores atributos de la gente, mientras que el perdón nos libera a fin de que oremos para que la obra y las bendiciones más grandes de Dios se le manifiesten a la gente.

A la falta de perdón muchas veces le acompañan la ira, la amargura y el resentimiento. Entonces, ¿es de dudar que haya una gran reducción de estas emociones en quienes deciden perdonar?

Gina se encontraba obsesionada con Dory. Le era difícil dormir en la noche. Seguía pensando en las cosas que dijo Dory. Esta ofendía a Gina una y otra vez. Hacía que Gina se sintiera muy deprimida. Gina trató de expresarle esos sentimientos a Dory de una manera amigable, pero Dory le dio vuelta a todo el asunto y se hizo la víctima de Gina.

Para empeorar las cosas, Dory empezó a escribir acerca de Gina en Facebook. Nunca mencionó a Gina por nombre, pero todos los que la conocían como amigas, sabían con exactitud de quién hablaba Dory. La descripción de Gina era equivocada y poco halagadora.

Gina se quedaba despierta por completo en la noche, y cambiaba el sueño por conversaciones imaginarias con Dory. Daba vueltas toda la noche pensando en las cosas que deseaba haber dicho.

Llegó a ser demasiado para Gina. Solo decidió perdonar a Dory. Le escribió una nota que decía: «Te perdono». Entonces, terminó con el asunto. Eso enfureció a Dory. Para Gina, en cambio, terminó. Decidió perdonar a Dory. Ya no leería más las publicaciones provocadoras de Dory. Cuando Dory le venía a la mente, decidía perdonarla.

Dio resultado. Gina pudo dormir. Su mente ya no estaba saturada de *ella dijo esto* o *ella dijo aquello*. En lugar de eso, se concentró en todo lo que era verdadero, respetable, justo, puro, amable, digno de admiración, excelente o que merecía elogio.

Los beneficios físicos

Por años, Diana sufrió con un dolor en el cuello que la debilitaba. El dolor era tan insoportable que tenía que irse a la cama. Cuando comenzó a tener el dolor de cuello, pensó que se debía a una contracción muscular. Sin embargo, al poco tiempo, la frecuencia del dolor recurrente la preocupó. Su médico no podía encontrar nada malo más que tensión en sus músculos. El dolor de Diana siguió en aumento. Le costaba cuidar de sus hijos y de encargarse de la casa. A cada rato tomaba medicinas que la ayudaran con el dolor.

Entonces, un día, mientras estaba acostada en la cama por otro episodio con su cuello, oró así: «Señor, por favor, sana mi cuello».

El nombre de una persona surgió en la mente de Diana. De inmediato sintió que se le tensaba el cuerpo. Luego sintió que el Señor le susurra: «Perdónalo». Diana decidió perdonar. Sintió que su cuerpo se relajó. Entonces, otra persona apareció en su mente. Diana sintió de nuevo la tensión en su cuerpo. Una vez más escuchó que el Señor le susurraba: «Perdona». Eso siguió toda la tarde. Una persona tras otra se le aparecía en la mente a Diana. Cada vez que tomaba la decisión de perdonar, sentía un alivio físico en su cuello. Al final, el dolor disminuyó.

Aunque no puedo garantizar que perdonar es un curalotodo para tus dolores físicos, puedo decirte que mucha gente con la que he hablado testificará de una mejora notable en su salud, que incluye:

- Presión sanguínea más baja
- Niveles más bajos de las hormonas del estrés
- Sistema inmunológico más fuerte
- Disminución de los problemas estomacales y digestivos
- Frecuencia cardíaca más saludable
- Menos dolores de cabeza

Ahora bien, cuando mi amiga Diana experimenta alguna tensión ocasional en su cuello, hace una evaluación rápida de su corazón. Si encuentra cualquier sentimiento adverso allí, se lo rinde a Dios. Según Diana, ¡no quiere dejar que nadie vuelva a ser un dolor en el cuello!

La próxima vez que percibas que tu sistema inmunológico esté bajo o que se te acelere el ritmo cardíaco, dedica un momento para hacer tu propia evaluación del corazón con Dios.

Los beneficios espirituales

Cuando Pedro le preguntó a Jesús: «Señor, ¿cuántas veces perdonaré a mi hermano que peque contra mí? ¿Hasta siete?», es probable que pensara que estaba siendo increíblemente generoso con su cálculo.

Imagina su impacto cuando Jesús le respondió: «No te digo hasta siete, sino aun hasta setenta veces siete» (Mateo 18:21-22, RV-60).

Jesús quiere que perdonemos. Él nos dio el ejemplo cuando libremente decidió perdonarnos todos nuestros pecados. Ahora quiere que les extendamos ese mismo perdón a otros.

Me gustaría sugerir siete modos en los que el perdón es de beneficio para nuestra vida espiritual.

Primero: El perdón es un gran testimonio para Jesús.

Cuando perdonamos a otros, reflejamos las acciones de nuestro Salvador. Jesús perdonó a los que lo arrestaron, a los que lo ataron, a los que lo abandonaron, a los que lo negaron, a los que lo ridiculizaron, a los que lo golpearon, a los que lo condenaron, a los que lo azotaron, a los que lo humillaron, a los que lo exhibieron por las calles de Jerusalén y lo crucificaron. Alguien sugirió alguna vez: «Si Jesús no hubiera gritado desde la cruz: "Padre, perdónalos, porque no saben lo que hacen", nunca nos habrían perdonado».

Algunas personas batallan con testificarles del evangelio a otros. Se quedan con la lengua atada cuando tratan de testificar. Sin embargo, no todo el testimonio se hace con palabras. Gran parte de nuestro testimonio es con nuestra vida. Cuando decidimos perdonar, proveemos una demostración visible del amor y del perdón que nos ha manifestado Jesús. Te sorprenderías al saber cuántas personas ven tu vida. Perdonar a otros te da la oportunidad de mostrarles a otros la gracia de Jesucristo en tu vida.

Segundo: El perdón evita que algo se interponga entre Jesús y yo.

La falta de perdón interfiere en mi relación con Jesús. Cuando hago cualquier cosa en contra de otra persona, la pongo entre el Señor y yo.

Hay una historia acerca del predicador inglés C.H. Spurgeon que se ha contado muchas veces. Un hombre que estaba parado en la esquina de la calle vio que el predicador atravesaba una calle muy transitada de Londres. De repente, en medio de la calle, entre carruajes y caballos que iban de un lado a otro, Spurgeon se detuvo y bajó la cabeza. Se quedó de esa manera por un momento. Después, al levantar la cabeza, aceleró su paso y cruzó al otro lado de la calle. El hombre que miraba tenía curiosidad por lo que acababa de ver. Se le acercó a Spurgeon y dijo: «Observé que cuando cruzó, usted se detuvo de forma peligrosa en medio de la calle. ¿Por qué hizo algo tan peligroso?».

Con una sonrisa en su rostro, Spurgeon respondió: «Sentí que una nube pasó entre mi Señor y yo, y no pude dar otro paso hasta que se resolviera lo de la nube».

¿Quieres una nube entre tú y el Señor? La falta de perdón crea una nube densa que puede obstaculizar nuestra perspectiva de Dios. El perdón elimina la nube y nos permite tener una imagen clara de Dios y su gracia.

Tercero: *El perdón mejora la calidad de mis oraciones.*

Jesús dijo: «Y cuando oren, si tienen algo contra alguien, perdónenlo, para que también su Padre que está en los cielos les perdone a ustedes sus ofensas» (Marcos 11:25). La amonestación de Jesús de perdonar se correlaciona de manera directa con la oración. El perdón debe ser una parte de nuestra vida de oración. La falta de perdón que se descuida dificultará y obstaculizará nuestras oraciones.

El perdón nos permite orar sin los estorbos de la amargura, la ira o el prejuicio. El perdón nos permite llegar a los asuntos apremiantes que tenemos entre manos, sin ninguna preocupación del pasado ni de la persona que nos ha lastimado. Cuando perdonamos, podemos seguir adelante hacia las mayores profundidades de la oración.

Cuarto: *El perdón libera a Dios para que me perdone.*

En Marcos 11:26, Jesús advirtió: «Si ustedes no perdonan, tampoco su Padre que está en los cielos les perdonará a ustedes sus ofensas».

Dios no nos hace expiar por nuestros pecados en su contra. Proveyó la expiación de nuestros pecados por medio de Jesús. No podemos esperar que otros hagan expiación de sus pecados en contra de nosotros. Cuando tenemos esas expectativas de expiación, nos colocamos en una posición que solo le pertenece a Dios.

Admito sin reservas que durante mi vida he dicho y hecho muchas cosas tontas. Estoy muy agradecida con Dios por darme hijos misericordiosos y un esposo misericordioso que me han ofrecido perdón una y otra vez. Sin duda, nunca quiero estar en un lugar donde tenga que tratar de hacer restitución por cada cosa tonta que haga. Soy muy bendecida al saber que la sangre de Jesucristo las cubre.

Nunca quiero poner en peligro la condición de que mis pecados se cubran al retener perdón en mi corazón hacia otra persona. Quiero perdonar para que Dios me pueda seguir perdonando.

Quinto: El perdón mantiene nuestra fe sin estorbos.

En Marcos 11, Jesús les enseñó a sus discípulos acerca del poder de la fe. Les dijo: «Tengan fe en Dios. Porque de cierto les digo que cualquiera que diga a este monte: "¡Quítate de ahí y échate en el mar!", su orden se cumplirá, siempre y cuando no dude en su corazón, sino que crea que se cumplirá. Por tanto, les digo: Todo lo que pidan en oración, crean que lo recibirán, y se les concederá» (Marcos 11:22-24).

Justo después de esta emocionante proposición y promesa, Jesús guía a sus discípulos a perdonar. La lección es clara. La falta de perdón puede menguar nuestra fe.

Cuando nos negamos a perdonar, decimos: «Dios, esto es demasiado grande para ti. Yo me encargaré de eso y me aferraré a eso por ti». La fe nos llama a confiar en Dios y a encomendarle todo a Él. Cuando perdonamos, encomendamos cada situación y persona a las manos de Dios. La fe es el poder que Dios nos ha dado para ver su voluntad cumplida y la seguridad de que: «Dios dispone todas las cosas para el bien de los que lo aman» (Romanos 8:28).

La falta de perdón mengua nuestra capacidad de fe. No solo deja fuera la obra de Dios en nuestro corazón, sino que también es un constante testimonio de duda. Es la duda de que Dios puede obrar incluso en esto.

Queremos ver obrar a Dios. El mundo quiere ver obrar a Dios. Nosotros no queremos que la falta de perdón mengüe la obra de Dios.

Sexto: El perdón nos mantiene humildes.

No hay nada más humillante que darnos cuenta de que tenemos que perdonar. El mismo acto del perdón hace que te sientas vulnerable. Sin embargo, esa vulnerabilidad es lo que nos mantiene humildes.

La falta de perdón engendra orgullo y arrogancia. La persona que se niega a perdonar se siente superior al ofensor. ¿No es cierto que sientes que eres mejor persona que quien te hizo daño? Mientras más se niegue una persona a perdonar a otros, más superior se siente a los que no quiere perdonar.

La idea completa de que «nunca le haría a otros lo que me hicieron ellos» es errónea. La mayoría de las veces nos encontramos actuando justo de la misma manera que la persona a la que no queremos perdonar.

Cuando admitimos nuestros errores y decidimos perdonar, estamos en una mejor posición para que nos bendiga Dios. La Biblia promete una bendición para la persona humilde. Santiago 4:6 afirma: «Dios resiste a los soberbios pero da gracia a los humildes» (LBLA). No sé en cuanto a ti, pero yo no quiero que Dios me resista nunca. Quiero ser irresistible para Dios. Quiero que su gracia se derrame en mí a cada instante. Creo que tú quieres lo mismo, ¿verdad?

Séptimo: El perdón nos mantiene lejos de la prisión del deudor.

Volvamos por un momento a la parábola de Mateo 18. Examina de cerca otra vez el versículo 34. Al hombre que se negaba a perdonar, lo entregaron «a los verdugos hasta que pagara todo lo que le debía».

Sin duda, la falta de perdón te pone en la prisión de la tortura. En esa prisión te torturan mediante conmoción emocional al recordarte siempre las ofensas en tu contra. ¡Uf! Qué prisión.

De esa prisión es la que quiere liberarte Jesús. Él sabe que la llave para salir de ese calabozo es perdonar a otros.

Jesús no te pide que perdones a otros porque lo merecieran ni porque se lo ganaran. No. Te pide que perdones porque Él te ha perdonado y porque sabe que perdonar a otros es lo mejor para ti.

El perdón es bueno para ti de manera emocional, mental, física y espiritual. Si has batallado con todo lo que involucra el perdón, quiero que consideres los beneficios que sacarás al estar dispuesta a perdonar.

Preguntas para el estudio y la reflexión personal

1. ¿Qué beneficios del perdón te motivan a querer perdonar?

2. ¿De qué forma ves el perdón como un beneficio para ti?

3. Lee Marcos 11:22-26. ¿Qué relación ves entre la fe y el perdón? ¿Cómo te ministran esos versículos?

4. ¿Qué efectos negativos has experimentado en tu vida espiritual al negarte a perdonar?

5. Escribe una situación o persona que quieras perdonar.

Oración

Querido Señor:

Le doy un vistazo a toda mi vida y me doy
cuenta de que hay lugares de dolor y conflicto.
Algunas heridas o actitudes negativas han estado
conmigo por años. Me da mucha esperanza
pensar que tu amor y tu gracia fluyen en mí y
quitan esos lugares de dolor, sufrimiento, ira y
angustia. Quiero experimentar plenitud y sanidad
emocional, mental, física y espiritual.

Hoy te entrego todas mis quejas pasadas en contra
de otros. No tienen ningún propósito más que
ser una carga para mí y contaminar mi corazón
con basura. Límpiame y crea en mí un corazón,
una mente y un espíritu puros a fin de que pueda
llegar a ser una nueva criatura en Cristo. Permite
que mi vida tenga que ver con disfrutar la libertad
con otros mediante el perdón y al
testificar de tu Palabra y tu amor.
En el nombre de Jesús, amén.

Capítulo 6

¿CÓMO COMENZAMOS?

Recuerdo que me acobardé cuando un pastor me dijo: «He descubierto que cuando oro por mis enemigos, se convierten en mis amigos». ¡Si solo el perdón fuera así de fácil! Si solo una oración pudiera cambiar la dirección de una relación o la inclinación de mi corazón. ¡Tal vez te hayan dado el mismo consejo! Tal vez, al igual que yo, oraste y oraste por una persona en particular, o para que te liberaras de la falta de perdón, solo para percibir que ese antiguo sentimiento surge en tu corazón en cuanto se menciona su nombre. Para ti, ¡las perogrulladas no resultan!

Muchas veces la situación se complica más con el hecho de que la persona por la que oras no cambia, no quiere cambiar y, en algunos casos, está tratando de ocasionarte dolor a propósito. En tales ocasiones, esperar que se desarrolle una amistad solo con la oración puede ser letal para cualquier intento de perdonar. Entonces, ¿qué debemos hacer? ¿Rendirnos? ¡De ninguna manera!

El perdón es un proceso, y la oración es parte de ese proceso. Sin embargo, hay unos cuantos pasos más que se deben dar. Al igual que subir las escaleras te lleva a un lugar más alto, así también dar los pasos ascendentes hacia el perdón te llevarán hasta el lugar más alto de la libertad. Los pasos no requieren de un salto decisivo. Van en aumento. Cuando das un paso pequeño tras otro, descubres que te encuentras en la cima.

Lo mismo ocurrirá a medida que empiezas el proceso de perdonar. Se inicia solo con un paso pequeño: reconocer el deseo de perdonar. Creo que estás leyendo este libro porque ya diste ese primer paso. Solo faltan unos cuantos más y puedes hacerlo. No puedo evitar pensar en el ciego de Marcos 8. Cuando Jesús puso sus manos sobre el hombre, este solo recibió la vista parcial. «Veo a los hombres, pero los veo como árboles que caminan» (v. 24, LBLA). Se requirió de otro toque de Jesús para que el hombre pudiera ver todas las cosas con claridad. Lo mismo podría decirse de todos nosotros. Sentimos el toque de Jesús sobre nosotros que nos insta a perdonar. Ahora solo necesitamos ese segundo toque, unos pasos muy fáciles, a fin de que también podamos ver todas las cosas con claridad.

El perdón en acción

Cuando Margaret llevaba a su madre al médico una mañana, contemplaba todas las adversidades de los últimos meses. La reciente muerte de su padre, las relaciones con su hermana se volvieron hostiles y su madre sucumbía con rapidez al alzhéimer.

Margaret sentía que el resentimiento se había desarrollado en ella al pensar cómo su hermana no le había ofrecido ayuda, pero sí criticó mucho en cuanto a la manera en que se cuidaba a Lillian, su madre.

Lillian decía muy poco. Se había retraído más dentro de sí. Parecía que tenía problemas para seguir el hilo de las conversaciones y era impaciente con las explicaciones. Prefería el silencio que el diálogo. Lillian fue una madre piadosa. Por años fue la consejera, confidente y mentora espiritual de Margaret.

Margaret recordaba cómo Lillian oraba por cada una de las dificultades en su vida. Así que ahora, mientras sufría mucho y necesitaba ayuda, se sentía sola y abandonada. No había nadie en quien confiar. No era posible que alguien entendiera la profundidad de la confusión emocional que se fraguaba en su corazón. Margaret pudo sentir que las lágrimas se acumulaban en sus ojos mientras trataba de poner atención al camino que tenía delante.

De repente, desde el asiento del pasajero del auto, Lillian habló.

—¿Por qué tu hermana te odia tanto?

Margaret estaba atónita. No tenía idea de que su madre tuviera algún conocimiento de la situación entre sus hijas. Trató de consolar a su madre respondiéndole de manera despreocupada:

—No lo sé.

Lillian no había terminado.

—Yo sé por qué. Te odia porque está celosa de ti. Está resentida por tu felicidad y contentamiento. Es tan infeliz que no puede alegrarse por cualquier otra persona.

—Sí. Supongo que es así —respondió Margaret, consciente de que algo asombroso se llevaba a cabo en el auto.

—Margaret —continuó Lillian—, tengo que pedirte un favor. ¿Podrías perdonar a tu hermana? ¿Podrías amarla? No guardes esas cosas en su contra. No guardes esas cosas en tu corazón. Déjalas ir. ¿Por favor? ¿Por mí?

Margaret vio de reojo a su madre, que ahora la miraba a ella. Sus ojos parecían brillantes y alertas.

—Sí, lo prometo. La perdonaré y la amaré —le dijo Margaret asintiendo con su cabeza como señal de convicción.

De repente, la mirada nublada volvió a la cara de Lillian.

—Tu hermana te odia, Margaret. ¿Lo sabías? ¿Por qué te odia?

Margaret conocía las conocidas repeticiones de las conversaciones de su madre, por lo que le respondió del mismo modo.

—Creo que es muy infeliz.

—No. No es eso. Yo no sé por qué te odia —le dijo Lillian antes de volver a su comportamiento silencioso.

La piadosa mujer volvió por un momento para hablarle al corazón de Margaret. Dios se encontró con Margaret y le dio un mensaje: Perdona.

Al haberle hecho un juramento a su madre, Margaret decidió perdonar a su hermana. Oró y le pidió a Dios que la ayudara a soltar todas las ofensas que le había hecho. De manera inconsciente, Margaret dio los mismos pasos que la llevaron a la libertad del perdón.

Después de orar, Margaret dio el siguiente paso para hacer borrón y cuenta nueva de las ofensas que tenía en contra de su hermana. Se sentó en la computadora y borró todos los correos electrónicos ofensivos y criticones que le envió su hermana. Desde entonces, Margaret procuró tener cuidado de no dejar que la falta de perdón se afianzara de nuevo en su corazón. Cada mañana le pedía a Dios que le concediera la gracia de seguir perdonando las viejas ofensas y cualquier otra nueva. Margaret siguió recorriendo el camino del perdón, negándose a aferrarse a las heridas pasadas.

Aunque la hermana de Margaret se volvió más agresiva y codiciosa a medida que se desarrollaba la vida, Margaret sigue libre y feliz. Incluso la gracia de Dios le permitió a Margaret colmar a su hermana de empatía y amor en el funeral de Lillian, un maravilloso regalo que Margaret supo que solo ocurrió debido a que reconoció la necesidad de perdonar a su hermana, y dio los pasos, con la ayuda de Dios, para hacerlo.

Tal vez la idea de perdonar al ofensor en tu vida parezca abrumadora. Tal vez lo hayas intentado y hayas fracasado. Está bien. Hoy es un nuevo día y las misericordias de Dios son nuevas cada mañana. Permite que el regalo de la gracia y los tesoros del perdón echen raíces y crezcan en tu vida.

Mientras caminamos a través de cada uno de los pasos para el perdón, puede que te sientas animada por las historias de otras personas que han hecho este viaje y se apoyaron en la fuerza de Dios para todas sus necesidades.

Primer paso: Reconoce la necesidad de dar y recibir perdón.

Hay mucha gente que fomenta la falta de perdón en su corazón, pero niega la amargura que propicia. Lo interesante en cuanto a la amargura es que el que se aferra a ella también está ciego a la misma.

La amargura es como el mal aliento. Todos los que te rodean lo huelen, sienten repulsión por él y saben que lo tienes. Solo el que tiene mal aliento no sabe que lo tiene.

Eso fue lo que le sucedió a una mujer que conozco llamada Carrie. Tenía problemas con su hermano. Es más, tenía toda una lista de problemas con su hermano que se remontaban hasta cuando ambos vivían con sus padres. Hubo una época en que él hizo que los chicos del vecindario le lanzaran terrones de tierra a Carrie cuando estaba bien vestida para una fiesta. Hubo una época en la que mentía en cuanto a ella y la metía en problemas con los vecinos. En numerosas ocasiones, le destrozó su habitación, tomó sus pertenencias y le mintió al respecto. Hubo otras cosas también... demasiado personales y dolorosas como para reconocerlo en público, pero que llenaron los lugares más profundos de su corazón de ira y amargura. No lo olvidaba. Nunca.

Al crecer, Carrie se aseguró de mantener cierta distancia en su relación con su hermano. Cuando se veía obligada a verlo en alguna reunión familiar, él se aseguraba de hacer o decir algo que solo le agregaría al listado de ofensas que ya estaba almacenado en el corazón de Carrie.

Carrie esperaba no tener que estar nunca más en los alrededores de su hermano. Sin embargo, eso no iba a suceder. La salud de la madre de Carrie comenzó a quebrantarse y ella tuvo que mudarse otra vez a la ciudad donde vivía su hermano para ayudar a cuidarla.

Una amiga cercana de la familia llamada Bárbara fue a visitar a la madre de Carrie. Después de eso, esta piadosa mujer llevó a Carrie aparte y le dijo:

—Carrie, tu madre se está deteriorando con rapidez. Tú y tu hermano tienen que decidir en cuanto a qué clase de plan de cuidados de salud implementarán.

Sin querer, Carrie hizo una mueca cuando le mencionó a su hermano. La mujer se dio cuenta y le preguntó si pasaba algo malo.

—No. Bueno, sí. Yo no puedo trabajar con mi hermano. Tendré que hacerlo sola.

La mujer vio a Carrie con ojos de comprensión.

—Tendrás que trabajar con tu hermano por el bien de tu madre.

El lenguaje corporal de Carrie comunicaba su disgusto con esa idea. Se alejó de donde estaba Bárbara y se estremeció.

—Ay, Carrie —dijo Bárbara con una voz tranquilizante—. Tenemos que orar. Carrie, tienes amargura en contra de tu hermano.

Carrie negó la acusación enfáticamente.

—Amargura, no. Él es una persona terrible e inescrupulosa por completo, pero no tengo amargura. Hace mucho tiempo que me encargué de mis sentimientos hacia él. Rara vez pienso en él. Lo que pasa es que toda esta cosa con mamá es lo que me angustia. En realidad, no quiero a mi hermano alrededor de mi madre. No creo que sea inofensivo.

—Carrie —dijo Bárbara mirándola con simpatía—, ¿estarías dispuesta a orar conmigo?

Carrie accedió a orar. Amaba a Bárbara y no quería parecer poco colaboradora o malagradecida. La mujer mayor tomó la mano de Carrie y comenzó a orar en contra de la amargura que albergaba el corazón de Carrie.

Carrie se sentía ofendida con la oración de Bárbara. La hizo sentir incómoda.

Entonces, Bárbara estimuló a Carrie para que orara y confesara su amargura. Carrie estaba segura de que sus emociones se

debían a lo que sabía del carácter de su hermano e hizo la obje-
ción de que no tenía nada que ver en absoluto con la amargura.

—Carrie, tienes que liberar la amargura —dijo Bárbara
presionando un poco más a Carrie.

Ahora Carrie se sentía molesta. Quería que se acabara ese
tormento. Decidió confesarlo como amargura solo para agradar
a Bárbara. Y fue allí cuando ocurrió. En cuanto Carrie le pidió
al Señor que la liberara de la amargura, se abrió la compuerta y
se derramaron el dolor y la ira que había contenido por años. Se
puso a llorar. Bárbara la abrazó.

—Todo estará bien ahora, Carrie. Ya lo verás.

Carrie se fue de la reunión, no muy segura de sí misma
ni de lo sucedido. Todavía no estaba lista para admitir que el
tormento emocional tenía que ver con que tuviera amargura.
Sin embargo, hubo un cambio en Carrie que fue innegable. La
mención del nombre de su hermano ya no le afectaba. Pudo
conversar con él y hacer planes para el bienestar de su madre.
No, él no había cambiado y Carrie tuvo que tener cuidado,
pero no le importó tomar precauciones.

¿Tienes amargura? ¿Te molesta la simple mención del nombre de alguien? Quizá quieras preguntarle a una amiga sincera si
cree que tienes algún problema con otra persona. He aquí algunas preguntas para ayudarte a discernir si te resistes a perdonar
a alguien. Este es el primer paso para eliminar de tu vida el resentimiento. ¿Estás lista para un poco de sinceridad de corazón?
Muy bien. Aquí vamos.

1. Cuando surge el tema del perdón, ¿hay alguna persona
   que viene a tu mente de inmediato?
2. ¿Puedes recordar, en algún momento dado, más de tres
   cosas que esa persona ha hecho para lastimarte a ti o a
   otros?
3. ¿Batallas con noches de insomnio pensando en esa
   persona?

4. ¿Quieres estar informada acerca de lo que hace esa persona? ¿Tratas de averiguar lo que hace y dice?

5. ¿Sientes la necesidad de aclararles a todos la verdadera naturaleza de esa persona?

6. ¿Qué comunica tu lenguaje corporal cuando se menciona el nombre de esa persona? (¿Haces una mueca, te echas para atrás, te pones rígida o tensa?)

7. ¿Piensan tus amigos que tienes un problema?

8. ¿Hablas de forma negativa de esa persona más de una vez al día?

9. ¿Repites los acontecimientos de los días, las semanas, los meses y los años anteriores?

10. ¿Sientes la necesidad de demostrar tu inocencia o victimización?

Si respondiste que sí a incluso una de las preguntas, es hora de que reconozcas que tienes que perdonar para que puedas seguir adelante en el camino hacia la liberación. Si no estás segura de la condición de tu corazón, ora como lo hizo Carrie y deja que se lleve a cabo la liberación de la falta de perdón. Carrie está contenta de haberlo hecho. Ahora admite con facilidad que se liberó cuando oró con Bárbara.

Segundo paso: Toma la decisión de perdonar.

Tengo una amiga que ha batallado con el perdón. Durante una de nuestras conversaciones acerca de la vida y la fe, le pedí que me contara la historia de cómo perdonó a su madre.

—No creo todavía que la haya perdonado por completo —me respondió.

—Está bien, entonces, ¿qué de la mujer con la que solías trabajar? —argumenté, ofreciéndole otra sugerencia.

—No creo que haya lidiado con eso todavía —me dijo sacudiendo la cabeza—. En cambio, sí perdoné a mi suegro. Puedo contarte esa historia.

—Pensaba que estaba muerto.

—Está muerto. Creo que por eso es que camino en victoria. Las dos nos reímos.

Mi amiga sí se daba cuenta de que todavía estaba «en proceso» cuando se trataba de perdonar a algunas personas. Hay muchas personas en el camino hacia el perdón que no se dan cuenta del progreso que han hecho o que les falta. ¿Por qué? Porque consideran que el perdón es un acontecimiento único y esperan acabar por completo, y de una sola vez por el Espíritu, con el dolor, la ira y el resentimiento que han cargado. Aunque esa sea la experiencia de algunas personas que conozco, ese no es el caso con la gran mayoría de los creyentes. El perdón, para casi todos nosotros, es un proceso. Al igual que pelar una cebolla capa por capa, el perdón muchas veces tiene múltiples capas.

Como esposa de pastor, he hablado y orado con muchas mujeres que han sentido la necesidad urgente de perdonar a alguien, pero también se han sentido incapaces de hacerlo. Doreen fue una de esas mujeres. Durante un tiempo de oración en un retiro de mujeres, se me acercó y dijo:

—Sé que tengo que perdonar a mi esposo, pero no puedo. Sigo intentándolo, pero la ira vuelve a surgir una y otra vez.

Yo tenía una pregunta sencilla que hacerle.

—¿Quieres perdonar?

—Sí, quiero —dijo asintiendo con la cabeza—. Lo quiero con urgencia.

Mi siguiente pregunta podría parecerte algo extraña, pero me he dado cuenta de que es vital.

—¿Por qué quieres perdonarlo?

Doreen se veía un poco asombrada. Lo pensó por algún rato.

—Porque interfiere en mi relación con Dios.

—Entonces, ¿no decides perdonarlo porque lo merezca, sino porque no quieres que nada interfiera en tu relación con Dios? —le pregunté. Luego, tomé la mano de Doreen y, mirándola a los ojos, le dije—: Vamos a entregarle ese hombre a Dios.

Aun así, quiero que sepas que ya comenzaste el proceso del perdón. Estás aquí por decisión propia, pediste oración porque el deseo de tu corazón es perdonar. Ya tomaste el buen camino y ahora solo tienes que seguir por ese camino.

Mucha gente con la que he hablado y orado, al igual que Doreen, ha comenzado el proceso del perdón sin darse cuenta, solo porque no siente una liberación completa o porque aún tiene alguna sensación de angustia cuando se menciona la ofensa o el nombre de su ofensor.

Me gusta decirles a estas personas que han dado el primer paso crucial al decidir perdonar. Llegar al «por qué» del perdón es vital. Rara vez una persona necesita perdonar a alguien que sea dulce, amable y no ofenda. Por lo general, la batalla para perdonar está en torno a alguien que sea insensible, egoísta o indiferente, y que haya causado heridas, dolor y sufrimiento. Por lo que una razón obvia para perdonar a una persona así quizá no sea «porque es buena y lo merece».

Ya hablamos de cómo el perdón es de beneficio para nuestro corazón, nuestras relaciones, nuestros matrimonios, nuestro bienestar físico y nuestra salud mental. Sin embargo, la razón más grande para decidir perdonar es porque Jesús nos dijo que lo hiciéramos. Más de diez veces en los Evangelios Jesús nos ordena que perdonemos.

Cuando era niña, descubrí que si mi papá decía algo una vez, era probable que fuera en serio. Si lo decía otra vez, de seguro que era en serio. Si lo decía una tercera vez, necesitaba recordarlo. Si tenía que repetirlo una cuarta vez, era una lección para toda la vida.

Por lo tanto, decidimos perdonar porque esta es la voluntad de nuestro Salvador. Decidimos perdonar porque Jesús nos ha perdonado.

Un día, cuando era pequeña, fue necesaria una disciplina fuerte. No recuerdo la ofensa. Apenas tenía cuatro años. Mi papá se sentó conmigo y antes de proceder me preguntó:

«Cheryl, ¿sabes lo que dice la Biblia en cuanto a esto?». Papá esperaba que al menos le citara Efesios 6:1 («Hijos, obedezcan a sus padres») o uno de esos pasajes.

Papá dice que se quedó asombrado por completo cuando levanté la vista y con los ojos llenos de lágrimas le dije: «Sean bondadosos y misericordiosos, y perdónense unos a otros, así como también Dios los perdonó a ustedes en Cristo». Incluso a tan corta edad, sabía que citar Efesios 4:32 era un acierto sabio.

Y, en efecto, mi papá me perdonó ese día y yo me quedé sin ningún castigo. ¿Por qué? Porque Dios lo había perdonado por el nombre de Jesús. De la misma manera, nosotros perdonamos porque Dios ha decidido perdonarnos, no solo por lo que Jesús pagó el precio de nuestros pecados, sino también porque Jesús quiere que perdonemos. Y Jesús quiere que decidamos perdonar.

Tercer paso: Ora y entrégaselo a Dios.

No cabe duda que Alexander Pope tenía razón cuando escribió: «Errar es humano; perdonar es divino». El perdón requiere del elemento divino de la ayuda y la gracia de Dios. La oración es la primera entrega de mi corazón y mi voluntad a Dios. En oración le entrego a Dios al ofensor y las ofensas. Los gravámenes que tenga en contra de alguien se convierten en los gravámenes de Dios. Cancelo la deuda que la persona tiene conmigo al entregarle esa deuda a Dios.

Segundo, la oración me provee el poder y la gracia divina para caminar en el espíritu del perdón.

Muchas mujeres, después de tomar la decisión de perdonar, sienten que le desafían esa decisión. Por ejemplo, durante el tiempo de oración en el retiro de mujeres, algunas participantes confiesan y rinden su falta de perdón o amargura. Reciben la liberación que viene a través de la oración. Sin embargo, cuando llegan a casa, esa decisión se ve amenazada por los pensamientos antiguos y hasta con las nuevas ofensas. A veces las mujeres descubren otro poco de dañina información acerca del ofensor. O tal vez se topen con esa persona en la tienda o en la iglesia, y el encuentro no transcurra bien.

Cuando surgen esas causas para evaluar, esas mujeres dudan si en realidad rindieron su falta de perdón a los pies de la cruz. ¿Está allí todavía la falta de perdón?

Deciden perdonar, pero ahora tienen que volver a invocar el poder divino de Dios para seguir ratificando esa decisión. La oración invita a Dios a nuestra mente y nuestro corazón. Solo Dios puede purificar nuestra mente y llenarla con buenos pensamientos y limpiar nuestro corazón de culpa y otros vínculos emocionales que no nos permiten perdonar.

Cuando vamos ante Dios con humildad y buscamos y recibimos su perdón, se nos recuerda de lo poderosa y transformadora que es la misericordia. Se nos recuerda que somos bendecidas con la oportunidad de entregarle a Jesús nuestras transgresiones, así como nuestra necesidad de perdonar a otros y todo lo que se interponga en el camino para que lo hagamos.

Cuarto paso: Haz borrón y cuenta nueva.

Despejar la historia de las transgresiones de otra persona en contra de nosotros es el paso que le sigue a la oración. Si ya reconociste la necesidad de perdonar, decidiste perdonar y oraste pidiendo la fortaleza de Dios, pero sigues enumerando todas las ofensas que esa persona ha cometido en tu contra, todavía tienes que dar unos pasos.

Conozco personas que se han aferrado a antiguas cartas o correos electrónicos en los que se les dijo algún insulto o algo despectivo. Creen que los necesitan como prueba de las ofensas cometidas. Muchas veces, los insultos están entrelíneas y solo son aparentes para quien batalla en perdonar. El problema es que aferrarse a cartas u otros registros de las fallas de otra persona solo nos mantiene en esclavitud. No avanzamos, y no cosechamos las recompensas de un corazón perdonador.

Mi amiga Gloria estuvo en un matrimonio abusivo durante años. Aunque el esposo de Gloria llegó a le fe en Jesús más tarde en la vida, todavía era una persona con la que era difícil vivir. Al principio, Gloria tomó la decisión de perdonarlo. Para caminar basada en esa decisión se requería de un esfuerzo concentrado y mucha oración de parte de Gloria. Me mostró su sabiduría: «En mi experiencia con Carl, después de perdonarlo, tuve que decidir no "hacer énfasis en la ofensa". A veces necesitaba volver a Dios y decirle: "Señor, decido perdonar a Carl. Decido dejar de pensar en esa ofensa. Está cubierta con tu sangre y decido olvidar"».

Gloria se dio cuenta de que permitirse «volver a vivir» o «volver a enfocarse» en las ofensas solo le ocasionaba más dolor y frustraba su progreso en el camino hacia el perdón. El diablo usaría sus recuerdos de las viejas ofensas para arrastrarla de regreso a la amargura, el resentimiento, la autocompasión y la justificación propia.

Tienes que cancelar la deuda borrando la deuda. En tiempos del Nuevo Testamento, las deudas se calculaban y se registraban en tablillas de cera. Cuando se pagaba la deuda, se borraba la tablilla. Considera que la deuda de tu ofensor la pagó Jesús.

Veamos esto con los lentes de la metáfora. Imagina que alguien choca tu auto a propósito. No está dispuesto a pagar los daños que le hizo a tu auto. Sin embargo, un hombre adinerado que presencia el choque se ofrece a llevar tu auto a su mecánico y restaurarlo a una condición aun mejor de lo que estaba antes del incidente. El hombre adinerado cumple su palabra. Te devuelven tu auto en perfectas condiciones. No hay necesidad de buscar al tipo grosero que te chocó. Es mejor terminar con él y solo disfrutar tu auto. El daño se repara y estás mejor de lo que te encontrabas antes de que te chocaran.

Eso es lo que significa borrón y cuenta nueva. Dios pagó por las ofensas. El ofensor no nos debe nada. ¡Es mejor terminar con esto y disfrutar la nueva vida que Dios nos ha dado en Cristo Jesús!

Quinto paso: Ten cuidado de proteger tu corazón de la falta de perdón.

Habrá obstáculos en tu camino al perdón. Prepárate para los obstáculos futuros. Es importante darse cuenta de que este es un viaje espiritual hacia la victoria. El diablo no quiere que llegues al final.

Considera el daño que te puede hacer al impedirte la victoria:

- Puede hacer que tu testimonio cristiano sea ineficaz.
- Puede seguir atormentándote con el daño que te hicieron.
- Puede alterarte en cualquier momento dado con la mención del nombre del ofensor.
- Puede aislarte.
- Puede hacer que te pierdas la esperanza de tener la victoria alguna vez.

En 1 Pedro 5:8-9 leemos: «Practiquen el dominio propio y manténganse alerta. Su enemigo el diablo ronda como león rugiente, buscando a quién devorar. Resístanlo, manteniéndose firmes en la fe» (NVI®).

Debes recordar que el diablo puede poner pensamientos en nuestra mente. Se nos dice en 1 Crónicas 21:1: «Satanás se levantó contra Israel, e incitó a David a que hiciese censo de Israel» (RV-60). Y Juan 13:2 revela que el diablo ya había puesto en el corazón de Judas que traicionara a Jesús.

¡Sí! Debes tener cuidado hasta de tus propios pensamientos y tu propio corazón. No todo pensamiento y emoción que tienes es inofensivo. Cualquier pensamiento que te lleva de regreso a recordar lo que se hizo en tu contra no es inofensivo. Cualquier pensamiento que te sugiera que hagas énfasis en el ofensor o la ofensa, que los explores, que ahondes en ellos o que los vuelvas a analizar debe llevarse de inmediato a Jesús y borrarse. Debe resistirse cualquier tentación de agregar puntos nuevos a los crímenes del ofensor o de iniciar un nuevo listado de ofensas.

En 2 Corintios 10:4-5 se nos advierte: «Las armas con las que luchamos no son las de este mundo, sino las poderosas armas de Dios, capaces de destruir fortalezas y de desbaratar argumentos y toda altivez que se levanta contra el conocimiento de Dios, y de llevar cautivo todo pensamiento a la obediencia a Cristo».

Ten cuidado con cualquier pensamiento que sugiera que des un paso atrás en tu camino hacia el perdón o que te atraiga a las rincones oscuros del resentimiento. Preséntalos a Dios en oración y promete estar en la Palabra de Dios cada día de modo que defiendas tu corazón en contra de las falsedades y la falta de perdón con el poder de la verdad y la transparencia de Dios.

Sexto paso: Camina y vive en la gracia sin detenerte.

Hace poco experimenté una situación que me alteró. Durante los días siguientes, recordé muchas veces el incidente y me mortifiqué por mi herida personal y por la injusticia de la situación. Cuando comenzaba a pensar en eso otra vez, oí que el Señor le habló a mi corazón: «Deja eso. ¡Levanta tus manos en alto y apártate!».

Eso era justo lo que tenía que hacer. Le entregué el problema al Señor. Levanté mis manos y le rendí la situación y mis pensamientos a Dios. Luego, me aparté. Después de eso, me negué a recogerlo otra vez cuando me fui a una maravillosa aventura ministerial a Australia con mi esposo. Durante el viaje, el único pensamiento que tenía de todo el acontecimiento era que estaba muy agradecida por habérselo entregado a Dios. No le di nada más de poder ni de influencia a la situación en mi vida. Y debido a que lo hice, pude ministrar, tener comunión y también alabar a Dios sin la carga de un corazón que no perdona.

Dios tiene cosas buenas delante de ti. Sigue recorriendo el camino hacia la victoria. Haz un inventario de todas las cosas que Dios ha hecho por ti. ¡No dejes que nada ni nadie reduzca la velocidad de tu paso a medida que te diriges hacia el triunfo!

En los siguientes capítulos encontrarás las historias sorprendentes de hombres y mujeres como tú que batallaron para perdonar. Recibieron la libertad y van bien en su camino hacia la victoria, ¡y tú también puedes hacerlo!

Preguntas para el estudio y la reflexión personal

1. ¿Qué señales de falta de perdón reconoces en tu vida?

2. ¿Qué te ha impedido tomar la decisión de perdonar?

3. Da los pasos hacia el perdón ahora mismo. Piensa en algo específico que necesites para perdonar y hacer este importante viaje ahora:

Primer paso: Reconoce la necesidad de dar y recibir perdón.

Segundo paso: Toma la decisión de perdonar.

Tercer paso: Ora y entrégaselo a Dios.

Cuarto paso: Haz borrón y cuenta nueva.

Quinto paso: Ten cuidado de proteger tu corazón de la falta de perdón.

Sexto paso: Camina y vive en la gracia sin detenerte.

4. Quizá quieras hacer copias de esta sencilla afirmación: «Señor, decido perdonar a _____ por _____. Decido no pensar más en esa ofensa. Está cubierta con tu sangre y decido olvidar».

5. Haz un listado de todas las cosas buenas que Dios ha hecho por ti. Mira a ver si puedes agregar alguna cosa nueva cada día a ese listado.

Oración

Llena los espacios en blanco de esta sencilla oración. Hazla varias veces mientras elevas a Dios distintas personas y circunstancias.

Querido Señor:

Ayúdame a perdonar a

_____.

Rindo a ti toda la situación. Ahora te pido por la gracia para caminar en la victoria del perdón.

En el nombre de Jesús, amén.

Capítulo 7

PERDONÉMONOS A NOSOTRAS MISMAS

La mujer pasó al frente de la iglesia para orar. Su cabeza estaba inclinada de vergüenza y se negaba a tener contacto visual.

—Es que no puedo perdonarme —dijo, apenas un poco más fuerte que un susurro.

—¡Pero Jesús te lo ha perdonado todo! ¡Su sangre es tan poderosa que no hay pecado que se pueda resistir a su poder limpiador!

Durante los siguientes veinte minutos, más o menos, la mujer confesó un pecado tras otro. Cada vez que confesaba le decía:

—¡Cubierto! Borrado con la sangre de Jesús. El siguiente...

Hay muchas mujeres que batallan para perdonarse. Son las ofensoras a quienes les cuesta perdonar. Sus propias ofensas obsesionan sus mentes y las condenan sin cesar.

Da los pasos para perdonarte

Los pasos para perdonarte son los mismos para perdonar a los demás. Sin embargo, las preguntas que te llevan por el camino son un poco distintas. He aquí algunas para considerar.

1. ¿Te recriminas a cada momento por cosas que dijiste o hiciste?
2. ¿Te disculpas a menudo con otros?
3. Cuando la gente te cuenta una historia, ¿la procesas en lo personal, dando por sentado que tratan de transmitirte un mensaje secreto?
4. ¿Te sientes indigna de tener cierta posición o bendición?
5. ¿Te cuesta recibir halagos?
6. ¿Hay algo en tu pasado de lo que te culpas porque ocurriera?
7. ¿Temes que otros no te perdonen si se enteran de lo que hiciste?

Si respondiste que sí a una o más de estas preguntas, es hora de reconocer tu necesidad de perdonarte. No importa si eres culpable o no. Dios te perdonó. Debes aplicar la obra perdonadora de Dios a tu propia vida.

Ahora, debes tomar la decisión de perdonarte. Así es, ¡perdonarte a ti misma! Entonces, repite después de mí: «Me perdono porque Jesús me perdonó. Acepto que me lavó con su sangre, no porque yo lo merezca, ¡sino porque Él tiene mucho amor!».

Todos tropezamos y cometemos errores. Todos somos pecadores por naturaleza. A decir verdad, es imposible triunfar en la vida sin herir o lastimar a otra persona. Santiago 3:2 afirma: «Todos cometemos muchos errores. Quien no comete errores en lo que dice, es una persona perfecta, y además capaz de dominar todo su cuerpo».

Una vez que decides perdonarte, llega el momento de orar y pedirle a Dios que ratifique esa decisión. Pídele a Dios la gracia para perdonarte. Y, al igual que los pasos para perdonar a otros, tienes que hacer borrón y cuenta nueva con las ofensas que hayas hecho. No te hace ningún bien espiritual recriminarte por el pasado.

Hace años, mi esposo y yo le dábamos una de nuestras famosas reprimendas a nuestra hija adolescente sobre algo que hizo. Con una indiferencia arrogante, nos dijo: «Eso está en el pasado y nosotros no hablamos del pasado».

En ese entonces yo no tenía idea de lo atentamente que su hermana de cinco años había estado oyendo. Unos días después, mi hija menor estaba con sus abuelos por unos días y ellos tenían una discusión apacible. De repente, Kelsey habló, y al incorporar el mismo aire arrogante de su hermana mayor, dijo: «Abuela, eso está en el pasado y nosotros no hablamos del pasado». Mi mamá y mi papá se echaron a reír.

Mi mamá me llamó unos minutos después del incidente para contármelo. «Pero sabes, cariño», me dijo, me convenció en realidad. Tenía razón. Mencioné algo del pasado que tenía que dejar en el pasado». De la boca de los niños...

En Filipenses 3:13-14, Pablo dio este consejo crucial: «Hermanos, yo mismo no pretendo haberlo alcanzado ya; pero una cosa sí hago: me olvido ciertamente de lo que ha quedado atrás, y me extiendo hacia lo que está adelante; ¡prosigo a la meta, al premio del supremo llamamiento de Dios en Cristo Jesús!».

El apóstol Pablo puso el pasado detrás a fin de poder continuar por el camino de la victoria que Dios tenía para él. Como creyentes, tenemos que dejar el pasado en el pasado, olvidar las cosas que están atrás y abrirnos paso hacia el llamado de lo alto que Dios tiene para cada uno de nosotros.

El mismo cuidado que se necesita para proteger la decisión de perdonar a otros debe incorporarse al perdonarnos. Cada pensamiento condenatorio debe llevarse a la cautividad de Jesucristo.

Esta vigilancia es un poco más difícil porque hay una línea muy delgada entre conocer mi condición indigna y vivir en condenación. Es importante recordar que Cristo no te capacitó por tus propios méritos. Colosenses 1:12 afirma que el «Padre [...] nos hizo aptos para participar de la herencia de los santos en luz».

Cuando surjan los pensamientos de no estar capacitada para la gracia, debes considerarte como capacitada por Dios a través de Cristo. La gente tiende a pensar que ser duros con nosotros mismos es, en definitiva, santo o piadoso. Sin embargo, la verdadera plenitud espiritual implica que nos vemos completas en Jesús por lo que Él hizo en la cruz por nosotros. «En Cristo, ustedes están completos y no necesitan nada más, pues él es cabeza de todos los gobernantes y poderes» (Colosenses 2:10, PDT).

El reconocimiento de que estás completa y perdonada en Cristo no es arrogancia; es una declaración de alabanza por lo que hizo Dios. A partir de ahora, tienes que caminar en victoria. Dios tiene planes maravillosos para ti. Él puso un llamado en tu vida.

Antes de continuar, considera por un momento la condena en la que pudo sumirse Pablo. Antes de conocer a Jesús en el camino a Damasco, Pablo persiguió con violencia a la iglesia. Sacó a rastras de sus casas a hombres y mujeres y los metió en la cárcel. Estuvo de acuerdo y permitió la lapidación del mártir Esteban. Si Pablo no hubiera considerado que sus pecados estaban cubiertos con la sangre de Jesús y no hubiera decidido dejar el pasado atrás, nunca habría sido un instrumento tan eficiente para la expansión del evangelio.

Dios usó a Pablo de maneras asombrosas. Pablo no solo llevó el evangelio a Asia y Europa, sino que también estableció varias iglesias, fortaleció la fe de los creyentes y escribió epístolas inspiradoras que siguen ministrando a muchas generaciones de creyentes.

Sigue andando en el camino hacia la victoria, pues Dios tiene grandes planes para ti.

La historia de Laurie

Cuando conocí a Laurie, era una brillante maestra de la Biblia y líder en el ministerio femenil. Yo no tenía idea de que sintiera vergüenzas del pasado, ni que sintiera alguna condenación por sus errores.

Un día, tomando café, Laurie me confesó que se sentó en la parte de atrás del auditorio cuando comenzó a asistir al estudio bíblico. Se negaba a unirse a un grupo. Estaba segura de que si se sabía su historia, le pedirían que se marchara.

Laurie le fue infiel a su primer esposo. Los dos eran creyentes y Laurie, incluso, creció en un hogar cristiano. Nunca planeó ser infiel. Craig era el soltero más atractivo de su iglesia. Todas las mujeres solteras de la iglesia lo anhelaban. Poseía una sonrisa carismática y una personalidad dinámica. También podía cantar y tocar la guitarra. ¿Era de extrañarse que tantas mujeres estuvieran enamoradas de él?

Laurie pensaba que Craig era apuesto, a pesar de que estaba muy complacida en su matrimonio. Su esposo era un buen proveedor. Era amable, y lo mejor de todo, adoraba a Laurie.

Laurie nunca esperó sentirse atraída por Craig. Sin duda, jamás pensó que alguna vez tendría una aventura amorosa con él, pero eso fue lo que ocurrió. Todo comenzó con una ligera coquetería por las traducciones de la Biblia, entre todas las cosas. Craig le preguntó qué Biblia usaba para su tiempo devocional. Dijo que escuchó algo que ella dijo y que le gustó la manera en que lo expresó. Laurie le entregó su Biblia y, en el proceso, sus manos se tocaron. Laurie sintió un cosquilleo que circuló en su columna. Miró a Craig y vio que él se había sonrojado. Ella sabía que también lo había sentido. Pasó el resto de la noche dándole miradas a escondidas. Pensó que la miraba.

Cuando llegó a casa, no podía sacarse a Craig de la cabeza. Lo buscó en Facebook. Encontró una excusa para enviarle un mensaje acerca de su Biblia. De allí se desarrolló la relación. Por bastante tiempo, Laurie consideró que el coqueteo no era dañino. Lo justificaba en su mente. Aun así, se daba cuenta de que se estaba distanciando emocionalmente de su esposo. Él parecía muy aburrido y estable, comparado con la emoción que sentía en torno a Craig.

Un día, Laurie llegó a casa después de un encuentro secreto con Craig y encontró a su esposo en el sofá con su cabeza entre las manos. Cuando Laurie se le acercó, se dio cuenta de que había estado llorando. Él le dijo que alguien de la iglesia le informó de la aventura. Laurie se sintió impactada al oír la palabra «aventura». Sabía que la relación había ido demasiado lejos, pero hasta ese momento había estado tan atrapada con la emoción que había fracasado en reconocerla como un pecado.

A Laurie le costó terminar su relación con Craig. Aunque la terminaron, la atracción entre ellos continuó. Al final, el esposo de Laurie se cansó. Le pidió el divorcio a Laurie. No fue hasta que comenzó el proceso del divorcio que todo el peso de lo que hizo Laurie le afectara. Anhelaba tener su inocencia de nuevo. Anhelaba recuperar su inocencia. Deseaba con desesperación borrar todo el daño y el dolor que le había ocasionado a su esposo, a su iglesia, a su familia y a Dios. Era demasiado tarde.

Después del divorcio, Laurie y Craig terminaron de manera oficial su relación. El resentimiento fue el único sentimiento que guardó Laurie por Craig.

Laurie estaba sola por completo. Sentía que no podía volver a la iglesia después de lo que hizo. Temía orar y, con todo, necesitaba con urgencia que Dios interviniera en su vida.

Unos años más tarde, Laurie conoció a Mac. No era cristiano, pero era un buen hombre y la amaba. Se enamoró de Mac. Unos años después de casados, Mac llegó a casa con una noticia asombrosa: le había entregado su vida a Jesucristo. Mac estaba entusiasmado por su nuevo compromiso con Jesús. Quería comenzar a asistir a la iglesia tan pronto como fuera posible. Al cabo de unas cuantas semanas en su nueva iglesia, Mac se involucró para servir. Crecía con rapidez en la fe.

Mientras tanto, Laurie se quedaba atrás. Estaba emocionada por Mac y le encantaba verlo madurar en Jesús. Su propia sed de Dios era insaciable. Ansiaba con desesperación lo que tenía Mac, pero sentía que lo había arruinado todo de mala manera. Había pecado en contra de Dios al cometer adulterio como cristiana. En su mente, no había vuelta atrás. Se sentía como una extraña en la iglesia y se angustiaba por querer entrar.

Un domingo por la mañana, la mujer que estaba sentada a su lado le señaló el estudio bíblico de damas. «Ay, no. No puedo ir», dijo Laurie.

La mujer no había terminado. «Claro que sí puedes. Yo te recogeré».

Bajo la presión de la amable mujer, Laurie accedió a ir al estudio bíblico. Le encantó.

Laurie era una mujer muy talentosa. Tenía una maravillosa habilidad para comunicarse. Era una buena administradora. Podía ver cómo sus habilidades podrían ser, en realidad, un recurso para el ministerio de las mujeres, pero se contuvo. Pensó que se había descalificado mucho antes para que alguna vez Dios la usara.

Por lo que asistía a las clases de estudio bíblico en silencio, hacía su tarea y se iba a casa. Al cabo de un año, la invitaron a que se uniera a un grupo de discusión. Una vez más la presionaron y Laurie sucumbió. Le encantaba dialogar con las demás mujeres acerca de las maravillas que descubrían en la Palabra de Dios a través de su estudio semanal. Las perspectivas de Laurie eran tan profundas y su espíritu tan encantador, que la recomendaron para el liderazgo.

Laurie no aceptó cuando le pidieron que dirigiera, y después que la presionaran para que lo reconsiderara, Laurie sintió que debía dar a conocer la razón de su negativa. Sacó a la luz los vergonzosos detalles de lo que tuvo lugar quince años antes. Esperaba que le pidieran que se fuera. En su lugar, Joanna, la encargada del ministerio de mujeres, la miró y le preguntó: «¿Todavía no te has perdonado? Ya es hora de que de nuevo te entregues a ti misma y tus dones a Dios para que los use como Él quiera. Recuerda, te compraron por precio. No te perteneces. Todo lo que tienes le pertenece a Dios».

Laurie pidió un tiempo para orar. Cuando se fue a casa esa noche, se dio cuenta de que no se había perdonado por el daño que ocasionó en su primer matrimonio. Aunque le había pedido perdón a Dios, ella nunca se había perdonado.

Laurie buscó 1 Corintios 6:20: «Porque ustedes han sido comprados; el precio de ustedes ya ha sido pagado. Por lo tanto, den gloria a Dios en su cuerpo y en su espíritu, los cuales son de Dios». Laurie dejó que el poder y la verdad de este versículo le penetraran. Laurie ya no le pertenecía a Laurie. Le pertenecía a Jesús. Él la perdonó y ella le debía todo a Él. Ahora Él quería usar los dones que le había dado. Laurie le rindió todo a Jesús.

Al día siguiente, Laurie llamó y aceptó el puesto que le ofrecieron para liderar en el ministerio de mujeres.

Sentada delante de ella, apenas podía creer la historia que brotaba. «¿Me estás tomando el pelo?», exclamé. No podía creer que esta mujer dinámica, bella y desinteresada alguna vez hubiera batallado con perdonarse.

Ahora Laurie sigue siendo una bendición pare el ministerio de mujeres.

¿Te has restringido de servir en la iglesia porque te sientes descalificada debido al pecado, las flaquezas, los fracasos o los problemas del pasado? ¿Has estado escondiendo tus dones y negando tu llamado porque te sientes indigna? Si es así, dedica un momento largo para recordar que Jesucristo te compró. Él pagó por el perdón de tus pecados con su preciosa sangre. Ahora todo lo que eres y tienes le pertenece a Él. Le debes a Jesús el usar tus dones para su gloria.

La historia de Katie

La mejor manera de saber la historia de Katie es dejando que ella misma te la cuente. Conocí a Katie hace más de diez años. Solo la conocía como una empleada amable, diligente y simpática en la iglesia. Sin embargo, con el paso de los años, oía chismes aquí y allá acerca de su testimonio.

Hace cinco años nuestra iglesia decidió hacer una gran renovación en el santuario principal. Hacía mucho tiempo que se debía haber hecho. Para facilitar los servicios, la iglesia montó una gran carpa en el campo de juego delante de la propiedad. Era imposible llevar a cabo el estudio bíblico de mujeres como siempre, por lo que les pedimos a varias mujeres que dieran sus testimonios el viernes por la mañana. Katie era una de las mujeres que habló. Esto fue lo que dijo:

«No nací con la capacidad de perdonar a nadie. Tuve que aprenderla. Es más, ni siquiera era consciente de que el perdón significara vida. Para mí, todo el concepto del perdón significaba muerte.

»Llevaba ocho maravillosos años de casada con mi esposo cuando caí en el pecado de adulterio. Teníamos tres hijos entonces, de cinco, tres y un año. Pensé que lo había logrado sin que nadie se diera cuenta. Fingía ser una esposa fiel y una mamá alegre. Sin embargo, un mes después, mi esposo se enteró de la aventura. Se abatió tanto que un día en el trabajo se puso una pistola en la boca y apretó el gatillo. Me dejó una nota informándome que sabía de mi adulterio. Me quedé como una viuda deshonrada, con tres niños pequeños que cuidar sola. Con razón me culpaba por lo ocurrido.

»Cuando eres responsable por la muerte de una persona, la culpa es abrumadora y te consume. Traté de borrar mi culpa y vergüenza con drogas y alcohol, pero apenas adormecían el dolor. Cada vez que estaba sobria, la vergüenza llegaba con rapidez y me abrumaba por completo una vez más. Por lo que acabé tomando más drogas y más alcohol. Esto condujo a una adicción por hora de fumar marihuana y metanfetamina, y luego verter el vodka en un vaso de granizada para ocultarles el problema a mis hijos. La adicción me transformó en una mala y enojada madre de mal genio.

»Muchas veces quise quitarme la vida. Pensaba que no merecía vivir. Hice planes de sentarme en mi auto en nuestro garaje cerrado y encender el motor. Sin embargo, antes de girar la llave de encendido, entré a la casa en busca de un cigarrillo de marihuana, pensando que si me drogaba sería más fácil la espera de quince minutos hasta que me sofocara el humo tóxico. En cambio, nunca giré la llave de encendido. Cuando entré a la casa, alguien llamó a la puerta.

»Entonces, llegó el día en que me arrestaron por posesión de drogas. Culpé a Dios por todo. Lo culpé por la muerte de mi madre. Lo culpé por mi adicción. Lo culpé por mi encarcelamiento. Lo culpé porque me quitaron a mis hijos. Y luego lo culpé por permitirme vivir, en todo caso.

»Parada en la ducha de la cárcel, insulté a Dios. Entonces, justo en medio de mi rabieta, se me acabaron las cosas por las que culpar a Dios y comencé a llorar y a gritar con ataques incesantes de dolor hasta que no pude llorar más. A los pocos momentos de esta diatriba, surgieron dos palabras:

»"Perdóname".

»Entonces, comenzó a fluir como un torrente de mis labios: "¡Perdóname, Dios! ¡Lo siento mucho!". Nunca antes había pensado en Dios como algo más que una impersonal autoridad moral. Sin embargo, lo sorprendente es que las siguientes palabras que pronuncié fueron: "Papá, ayúdame. Papá, lo siento". En mi corazón sabía que yo tenía la culpa de todo lo sucedido.

»Parada en la ducha, con el agua que corría hacia abajo desde mi cabeza, supe que en ese momento Dios me había perdonado y que yo había aceptado su perdón.

»Desde ese día, he tropezado con el verdadero significado de la palabra "recibimiento". Hay un sinónimo en particular que me gusta de verdad. Es la palabra *bienvenida*. El día que acepté el perdón de Dios, puse una alfombra de bienvenida delante de la puerta de mi corazón y le dije a Jesús: "Pasa adelante". Desde ese día, nunca he sido la misma.

»¡El perdón de Dios resultó en una vida transformada y restaurada! Debido a la gracia y al amor de Dios por mí, Él tomó mi pecado de adulterio y me lavó. Cambió las consecuencias de mi pecado y me dio belleza a cambio de ceniza.

»Ahora puedo gritar de alegría por la paz que Dios me ha dado desde que le di la bienvenida a su perdón. De forma milagrosa, y por la gracia de Dios, me volví a casar con un hombre piadoso que adoptó a mis tres hijos como suyos. Nunca esperé que Dios pudiera usarme como lo ha hecho. Sin embargo, Él no solo ha usado mi testimonio para ayudar a otros, sino que como familia, con mi esposo y mis hijos, servimos juntos en el ministerio. Mi esposo y yo servimos incluso en el ministerio de drogas y alcohol, a fin de ayudar a otros a descubrir el perdón de Dios en su propia vida... y a darle la bienvenida».

Antes de que Katie recibiera el perdón de Dios, no podía perdonarse a sí misma. Nunca imaginó que haría algo productivo para otra persona. El dolor y el daño que les ocasionó a otros la minaron. Ella era su propio peor enemigo.

Entonces un día, lo que comenzó como una diatriba en contra de Dios, terminó con la aceptación de Katie del perdón de Dios y, luego, con el perdón de sí misma por todo el daño que les causó a otros. Dios no solo la perdonó y la restauró, también la puso en el ministerio.

Al igual que el apóstol Pablo, Katie puede proclamar: «Doy gracias a Cristo Jesús nuestro Señor, que me fortaleció, porque me consideró fiel al ponerme en el ministerio, aun cuando antes yo había sido blasfemo, perseguidor e injuriador; pero fui tratado con misericordia porque lo hice por ignorancia, en incredulidad. Pero la gracia de nuestro Señor fue más abundante con la fe y el amor que es en Cristo Jesús. Esta palabra es fiel y digna de ser recibida por todos: Cristo Jesús vino al mundo para salvar a los pecadores, de los cuales yo soy el primero» (1 Timoteo 1:12-15).

¿Has pensado que tu vida no tiene remedio? ¿Te has dado por vencida contigo misma? Dios no se ha dado por vencido ni lo hará nunca. Él quiere que recibas su perdón. Dios quiere que te perdones y que entres a las cosas buenas que tiene para ti. ¡Ya es hora de que tomes el camino de la victoria y que uses tus dones dados por Dios para bendecir a otros en el mismo camino!

Preguntas para el estudio y la reflexión personal

1. ¿Alguna vez te has sentido descalificada para servir a Dios por el pecado?

2. ¿Cuáles son algunos de los pensamientos incómodos que te condenan?

3. Haz un listado de todas las cosas que crees que te descalifican para que Dios te use. Luego, toma una pluma roja y escribe en cada punto: «Pagado por completo». Considera cada asunto como perdonado con la sangre de Jesucristo.

4. Haz un inventario de los dones que te ha dado Dios. ¿Cuáles son algunos de los talentos con los que Él te ha capacitado?

5. Escribe una oración a Dios en la que te comprometes tú y cada uno de esos dones para su uso.

6. Escribe 1 Juan 1:7-9. Haz un círculo en cada palabra que se relacione con tu perdón. ¿Cómo te apropiarás de 1 Juan 1:7-9 en tu vida?

Oración

Querido Señor:

Vengo a ti hoy con una gran necesidad de tu amor
y gracia. Soy tu hija, aun así me desmotivo, me
obligo a enumerar mis pecados una y otra vez, y
no me doy gracia a mí misma. He llegado a ser
comedida con el amor que me derramas, Señor.
Dame un corazón que sea rápido para recoger
los dones y las alegrías que son parte de mi vida.
Aclara mi mente del largo listado de fallas que
llevo conmigo. He cometido errores. He pecado. Y
he llegado a ti con un corazón cargado para pedirte
perdón. Ahora soy libre. Totalmente libre.
Permite que mi actitud hacia mí misma y hacia
otros refleje esta maravillosa verdad.
En el nombre de Jesús, amén.

Capítulo 8

Perdonemos a Dios

Parece casi blasfemo que alguien diga que tiene que perdonar a Dios. No obstante, si negamos la realidad de que en el fondo lo hacemos responsable de todo lo que ocurre en nuestra vida, nunca conoceremos la verdadera libertad del perdón.

Culpar a Dios por los males de la vida ha sido una inclinación del hombre desde el principio. En el libro de Job, leemos que los actos violentos de Satanás en contra de los hijos de Job se le culparon a Dios. La realidad es que Satanás había pedido probar la fe de Job al destruir todo lo que tenía (Job 1:6-15). Cuando a Job le dieron la noticia de la pérdida de sus ovejas y sirvientes, se le informó de esta manera: «Dios permitió que del cielo cayera un fuego destructor, que fulminó a tus ovejas y a los pastores. ¡Todo lo consumió! Sólo yo pude escapar para traerte la noticia» (Job 1:16).

Cuando se trata de cosas malas que ocurren en nuestra vida, una de las primeras preguntas que hacemos es: «Dios, ¿por qué lo permitiste?». Muchos de nosotros conocemos las historias de Dios que actúa para salvar a su pueblo. En la Biblia leemos de la intervención divina de Dios por sus santos. Dios libró a los israelitas de Egipto. Dios salvó a David de la lanza del rey Saúl.

Dios rescató a Daniel de la ira de Nabucodonosor. Dios libró a Pedro de la prisión... y la lista continúa.

¿Tiene sentido que nuestra mente se vaya al «por qué no nosotros»? En cambio, cuando estamos atascados en esa línea de pensamiento, no ponemos atención a la manera en que Dios se mueve en la vida de muchas de las otras historias: las historias de que Dios no libra a sus hijos «de» las circunstancias, sino «en» las circunstancias.

¡Sadrac, Mesac y Abednego no fueron liberados del horno de fuego ardiendo del rey Nabucodonosor! Sin embargo, los protegieron de forma milagrosa en el horno de fuego. A Daniel, el profeta anciano de Dios, no lo liberaron del foso de los leones. En cambio, lo preservaron de manera divina en el foso de los leones. Dios no siempre les evita a sus hijos preciosos el sufrimiento de la angustia, del dolor y del sufrimiento. Nunca comprenderemos el «por qué» en esta parte del cielo. En nuestra imaginación finita, no podemos comprender la gloria del cielo ni lo que nos aguarda al otro lado.

Pablo sufrió en gran medida durante su vida. Como ministro de Dios, no lo libraron de dificultades, azotes, cárcel, latigazos, golpes con varas, lapidación, naufragio, peligros, traiciones, agotamiento, insomnio, hambre, sed, frío, desnudez, ni de una condición que lo debilitaba. Aun así, Pablo declaró: «Pues esta aflicción leve y pasajera nos produce un eterno peso de gloria que sobrepasa toda comparación» (2 Corintios 4:17, LBLA).

Pablo no pudo justificar el sufrimiento que experimentó en la tierra, pero declaró que el cielo bastaría para compensarlo más por cualquier sufrimiento experimentado en la tierra.

No negocies la verdad

¿Qué pensamos de los tiempos en los que los creyentes dudan de Dios? Una queja que a menudo sale a la luz es: «Si Dios es un Dios de amor, ¿por qué permite que exista el dolor?». Es probable que no haya un cristiano en la tierra que alguna vez no haya hecho esta misma pregunta por una tragedia, una pérdida o alguna conmoción en la vida: «¿Por qué, Dios, por qué?». Si cavamos un poco más profundo en esta pregunta, de seguro que puede llevarnos a verdades más ricas acerca de la naturaleza de Dios.

Mi padre es famoso por decir: «Nunca renuncies a lo que sabes por lo que no sabes». Hay muchas cosas que yo no puedo entender. Aunque sé que el pecado ha corrompido la gloria y la belleza del plan original de Dios para la tierra y los hombres, todavía batallo algunas veces para entender por qué Dios permite que el mal les haga daño a sus hijos. Por lo que tomo tiempo para orar, para estar en la Palabra de Dios y para buscar un mayor entendimiento de mi Padre celestial. Cuando no puedo entender el *porqué,* retrocedo a lo *que* sé de Él.

1. Dios es bueno (Salmo 119:68).
2. El cielo es real y será suficiente para compensarnos más por el sufrimiento en esta tierra (Apocalipsis 21:4).
3. Dios puede usar incluso esto para mi bien y para su gloria (Romanos 8:28).
4. Dios conoce mi dolor y me comprende (Hebreos 4:15).

Sé que estas verdades son absolutas. No puedo entender los *porqués* sin ver el otro lado, que es el cielo. El apóstol Pablo dijo: «Ahora vemos con opacidad, como a través de un espejo, pero en aquel día veremos cara a cara; ahora conozco en parte, pero en aquel día conoceré tal y como soy conocido» (1 Corintios 13:12).

Si Dios no permitiera el mal, no sería justo. ¿Alguna vez has pensado en esto de esa manera? Dios debe permitirnos vivir con las decisiones que tomamos y las consecuencias inevitables que les siguen. Además, es imposible que no nos alcancen las consecuencias de las malas decisiones de otros. El precio de vivir en un mundo caído es, en parte, que nos afecte y lastime la rebeldía de otros. Esa rebelión ha ocasionado la consecuencia de enfermedades, padecimientos, guerras, crímenes, violencias, descuidos y una multitud de otros males dañinos.

En segundo lugar, Dios permite el sufrimiento porque si no fuera por el dolor en la tierra, nunca anhelaríamos el cielo. Dios tiene algo mejor guardado para nosotros. Eso es verdad y también algo desconocido, pues no sabemos cómo será estar en la presencia de Dios por la eternidad. Sin embargo, tenemos fe en el que está con nosotros en medio de las dificultades y el que nunca nos abandona, aun cuando expresamos nuestras dudas.

Dios quiere nuestra sinceridad

No sirve de nada tratar de guardar un secreto resentimiento hacia Dios. Él conoce cada pensamiento nuestro. Sabe cuándo albergamos falta de perdón hacia Él. Quiere que le confesemos todas nuestras dudas y acusaciones. Tiene respuesta, consuelo y liberación para cada uno. David nos exhorta en el Salmo 62:8 a vaciar nuestro corazón ante Dios. Cuando vaciamos todo el contenido de nuestro corazón ante Dios, a veces se vacía también la falta de perdón en contra de Dios que se oculta en las hendiduras de nuestro corazón.

Cuando reconocemos y confesamos que guardamos resentimiento o ira hacia Dios, Él puede hacer una obra sorprendente en nuestros corazones. Las historias de este capítulo tienen que ver con mujeres que conozco y que admitieron ante Dios que lo hacían responsable por el sufrimiento de sus vidas. Esa culpa les impedía confiar y rendir por completo sus vidas a Él. No pudieron progresar en el camino a la victoria hasta que no reconocieron esta verdad, se la confesaron a Dios y oraron por gracia para perdonar. Cuando lo hicieron, sucedió algo maravilloso.

La historia de Lottie

Tan extraño como parezca, Lottie necesitaba perdonar a Dios por haberla hecho como era. Lottie es muy bella. Su sonrisa ilumina todo un salón. Su sentido del humor es fascinante y poco común. Sin embargo, por años Lottie no podía ver ninguno de los atributos maravillosos que Dios creó en ella. Lottie solo era consciente de sus incompetencias y debilidades.

¿No nos sucede lo mismo a muchos de nosotros? Rara vez observamos nuestras bellas cualidades a las que otros se sienten atraídos, pero somos capaces de identificar en seguida nuestras peores cualidades.

A veces Lottie le recriminaba a Dios por su timidez, torpeza y sus sentimientos de exclusión. Durante sus diatribas personales, el corazón de Lottie clamaba: «¿Por qué me hiciste como soy? ¡Tú me hiciste esto!». Después de esos episodios, Lottie se atracaba, se llenaba de comida. Según Lottie, esa era la forma de rebelarse de una «buena chica».

Un día Lottie se dio cuenta de que tenía que perdonar a Dios por hacerla como era. Tal vez su perspectiva no fuera acertada, pero no siempre nos acercamos a Dios con la perspectiva apropiada. Así que, en lugar de gritarle a Dios por sus circunstancias, descubrió que decía: «Dios, te perdono por hacerme como soy. No me pertenezco. Tú me creaste para tus propósitos. Si puedes usarme para tu gloria, aquí estoy».

¿Adivinas lo que pasó? Dios aceptó el perdón de Lottie. Aceptó su oferta. Dios comenzó a crear en Lottie una vida nueva de gracia. Dios usó su timidez, su torpeza y sus sentimientos de exclusión para ayudarla a entender los sentimientos de otras mujeres como ella. A medida que Lottie le rendía todo a Dios, se sanaba de su trastorno alimenticio.

Lottie todavía batalla con sentimientos ocasionales de incompetencia. Sin embargo, los episodios son menos y más espaciados. Cuando siente que se avecina uno, le confiesa todos sus sentimientos a Dios y hasta le entrega todas sus debilidades. Ahora, créelo o no, Lottie dirige el ministerio de mujeres de su iglesia.

¿Culpas a Dios por hacerte como eres? ¿Has intentado responsabilizarlo por tus incompetencias y por las cosas que detestas de ti misma? Es hora de tener una larga conversación con

Dios. Admite tus sentimientos y entrégale por completo cada emoción de tu corazón. Dios aceptará tu perdón. En lugar de tus incompetencias, te dará su suficiencia. Entonces, descubrirás la gracia que encontró Lottie y con Pablo proclamarás: «Por eso, con mucho gusto habré de jactarme en mis debilidades, para que el poder de Cristo repose en mí» (2 Corintios 12:9).

La historia de Addie

A Addie se le llenaron los ojos de lágrimas mientras hablábamos. Diez años después de perder a su pequeña y adorada Amanda, el dolor de Addie todavía era fuerte. «Tienes que conectar los puntos», me dijo al darme permiso para usar su historia. «Nadie comprenderá la decisión que James y yo tomamos, a menos que conecten los puntos».

Addie le estaba cambiando el pañal a Amanda una mañana cuando sintió que un bulto sobresalía en su abdomen. Addie hizo una cita con el médico y llevó a Amanda de inmediato.

Se le hicieron exámenes y pronto se confirmó que Amanda tenía un tumor canceroso que crecía en su hígado. Por los siguientes cinco meses, Amanda recibió quimioterapia. Soportó cada procedimiento doloroso e incómodo con gracia y paciencia. Rara vez lloraba. En sus momentos libres, Amanda se comportaba bien y se veía como cualquier otra niña saludable. Corría, jugaba y molestaba a su hermana mayor.

El tumor se encogió a un tamaño operable y a Amanda la ingresaron en el hospital. Antes de la operación, Addie y James le entregaron a su preciosa niñita a Jesús para lo mejor de Él.

Unas cuantas horas después, se les informó que la operación tuvo éxito. Retiraron el tumor. Sin embargo, cuando Amanda estaba en recuperación, desarrolló una infección. Murió como resultado de la negligencia del enfermero que la atendía.

En medio del dolor de Addie y James, solicitaron al estado una investigación del cuidado postoperatorio de Amanda. Addie y James experimentaban una profunda tristeza un momento, y luego ira y frustración al siguiente. Cuando derramaban su tristeza ante Dios, no podían evitar preguntar: «¿Por qué?».

En su época de ira, cuestionaron la competencia de la gente que cuidó a Amanda. Se estableció que el enfermero actuó de forma negligente y lo disciplinaron. No se le permitió tener niños bajo su supervisión.

Incluso después que ese capítulo se cerró, hubo más ira y decepción con los que tuvieron que lidiar. Addie y James perdonaron al enfermero por lo sucedido. Sin embargo, Addie se dio cuenta de que, en su corazón, no había perdonado a Dios por «haberlo arruinado todo» y no cuidar de su niñita. En el corazón de Addie crecía una profunda sensación de desconfianza en Dios, y una fuerte sospecha en cuanto a la bondad de Dios.

Al año siguiente, a una amiga de Addie le nació su primer nieto con una cesárea de emergencia. El médico que la atendía le revisó el ritmo cardíaco al bebé, ¡y tomó la decisión de llevar a cabo el parto de inmediato! Todos se sintieron aliviados porque el médico tomara esa decisión tan sabia. Addie se regocijó con su amiga, que estuvo muy ansiosa por la seguridad de su nieto. Addie pensó en la intervención de Dios, tan obviamente vista en el parto seguro de este pequeño niño. Esto hizo que Addie hiciera la pregunta: «¿Pero dónde estabas, Dios, cuando yo necesité tu ayuda?».

Las palabras del Salmo 121:1-3 surgieron en su mente: «Elevo mis ojos a los montes; ¿de dónde vendrá mi socorro? Mi socorro viene del Señor, creador del cielo y de la tierra. El Señor no dejará que resbales; el que te cuida jamás duerme». Cuando Addie empezó a conversar con Dios, se dio cuenta de que lo acusaba de no haber estado allí cuando lo necesitó y no hizo lo que le pidió que hiciera. Confesó que estaba enojada con Él por sanar y salvar a otros, y por permitir que muriera la pequeña Amanda.

Cuando Addie derramaba su corazón ante Dios, de repente se dio cuenta de a quién le hablaba. Era a Dios, quien creó los cielos y la tierra. Era a Dios, quien sustenta toda la creación. Era a Dios, quien había sido fiel para proteger, librar, proveer y cuidar de Addie en toda su vida. ¿Cómo podía fallar este cuidado amoroso? Addie no lo entendía del todo, pero sabía que tenía que tomar una decisión. Tendría que perdonar a Dios y aceptar lo que hizo Él, o continuaría amargándose, enojándose e insistiendo en su derecho de tener vida, de la manera en la que pensaba que tenía que ser.

En ese momento, Addie decidió rendirse a su Padre. Addie perdonó a Dios.

Addie se sintió consolada al leer: «Él guardará tu alma» (Salmo 121:7, LBLA). Se aferró a ese versículo y a su verdad. Llegó a darse cuenta de que cada hombre, mujer y niño no solo es carne y sangre; son seres espirituales eternos. Amanda está en el cielo. Allí está feliz, completa y en la presencia de Jesús.

Addie descubrió que Dios es, en definitiva, quien determina las cosas que ocurren. Culpar a Dios solo le impedía recibir el consuelo divino que necesitaba tan desesperadamente. Cuando Addie le entregó su corazón que no perdonaba a Dios, pudo seguir por el camino hacia la victoria. Es un camino que, a la larga, llevará a Addie a la misma presencia de Jesús, donde verá a su preciosa Amanda sentada a sus pies.

La historia de Liz

Cuando Liz tenía diez años, su padre abandonó a la familia para casarse con otra mujer y criarle sus dos hijos. La madre de Liz tenía un salario mínimo, por lo que había poco dinero para lo necesario de la vida. Muchas veces sus comidas consistían de pastelillos de carne y requesón. Mientras tenían dificultades, Liz se enteró que su padre y su nueva familia tenían cenas espléndidas en los restaurantes más elegantes. La situación era aun más deslumbrante para la Navidad. Liz y su hermana recibían dos humildes regalos, en tanto que sus hermanastros abrían montañas de regalos caros.

No había dinero para ropa de la escuela. A menudo, Liz tenía pesadillas de llegar a la escuela con nada puesto. El abandono de su padre y la pobreza que experimentaba comenzaron a afectar la perspectiva que Liz tenía de Dios. Creía en Dios y lo amaba. Sin embargo, tenía un serio problema con el hecho de que Dios no proveyera algo mejor para su familia. ¿Cómo podría ser que ella y su hermana, que amaban a Dios, apenas sobrevivieran mientras que su papá impío, que había hecho todo mal, viviera la vida de la alta sociedad?

Una y otra vez, el papá de Liz la decepcionaba. Hacía muchas promesas vacías que no tenía intención de cumplir. Al igual que muchas mujeres, Liz llegó a igualar a su padre terrenal con su Padre celestial.

Dios estaba trabajando en la vida de Liz durante esa época, pero ella no podía verlo siempre. La mamá de Liz podía percibir su ansiedad y comenzó a orar en serio. En el transcurso de sus años de crecimiento, Dios les dio a Liz y a su hermana muchas provisiones milagrosas. Recibían regalos, se ganaban dinero de premios, ganaban juegos en las fiestas de cumpleaños, les daban ropa bella y hasta cobraban los premios de muchos concursos en los que participaban. La gente le enviaba cheques a su familia de manera anónima por correo. Dios incluso proveyó la colegiatura de forma milagrosa para que Liz y su hermana pudieran asistir a una escuela cristiana.

Aunque batallaban para vivir una vida nada más que sencilla, Dios estaba allí y cuidaba de cada una de sus necesidades y las guiaba a través de cada crisis.

Mientras tanto, el padre de Liz siguió haciendo promesas vacías. La emoción de Liz por recibir un auto de su padre se convirtió en desaliento cuando salió de su casa una mañana para conducir a la escuela y se dio cuenta de que le estaban embargando su auto.

No fue hasta avanzado el instituto que Liz comenzó a entenderlo todo. Después que una serie de pesadillas y temores la agobiara, Liz comprendió que albergaba falta de perdón en contra de Dios. Estaba enojada con Él por permitir que su papá abandonara a su familia, por la falta de dinero y por todos los tiempos difíciles. En medio de lágrimas de enojo, Liz le pidió a Dios que la perdonara por guardarle rencor. Dios se encontró con la adolescente en ese momento y la liberó de toda la tensión reprimida y del estrés que albergaba. Cuando estaba a solas con Dios, sus ojos se abrieron para ver que estaba mucho mejor bajo el cuidado de su Padre celestial que con el terrenal. Se dio cuenta de que a través de sus circunstancias y dificultades, Dios le había dado un corazón de compasión por los demás que no habría tenido de otra manera. Aun cuando las demás personas la habían decepcionado, sabía que podía poner toda su confianza en un amoroso Padre celestial.

La noche de su oración, Liz también pudo perdonar a su padre por su descuido y egoísmo. Esta actitud recién encontrada de perdón le permitió a Liz amar a su padre y verlo con los ojos de Dios. Pudo estar a su lado cuando murió y asegurarle que le perdonó por todo el daño ocasionado.

Las lecciones que Liz aprendió la noche en que perdonó a Dios todavía están con ella ahora y siguen ministrándola cuando las finanzas están apretadas y los azota una crisis. Liz sabe que tiene un Padre celestial que le proveerá de manera milagrosa a ella y a su familia.

La historia de Ruth

Cuando Ruth tenía apenas siete años, fue víctima de abuso sexual, de violación y la utilizaron para pornografía infantil. Por años después de eso, le afectó la forma en que Ruth se percibía a sí misma y la manera en que percibía a Dios.

Ruth no podía aceptar por qué Dios aparentemente la había abandonado durante ese tiempo. Jamás les contó a otros acerca de esa acusación. A cualquiera que supiera de su pasado, Ruth le explicaba que Dios estuvo allí con ella, consolándola y protegiéndola en la dura experiencia. Sin embargo, en su corazón, sentía náuseas cuando imaginaba a Dios en esas habitaciones, que veía cada cosa horrible y dolorosa que le ocurría y que no hacía nada para detener el abuso. En otras ocasiones, Ruth decidía creer que Dios no estaba presente cuando sufría el abuso. Ningún escenario para lo que le sucedió cuando era una niñita le aliviaba el dolor. Era desdichada. Y aunque trataba de sacar el trauma de sus pensamientos diarios y retirarlo de su memoria, le afectaba en cada manera posible: física, mental, emocional y, sobre todo, espiritual.

Ruth llegó a estar enfadada con Dios cada vez que leía una historia en la Biblia que mencionaba que se abusaba de una mujer. Lo acusaba de odiar a las mujeres y de permitir que fueran víctimas. En privado, se aferraba a esa opinión de Dios y a la ira profunda que la acompañaba. Entonces, en un retiro, a Ruth le pidieron que orara por las mujeres de allí. Ruth trató de escuchar a las mujeres que desfilaban hacia el frente para orar, pero sus propios problemas la carcomían. Ruth era incapaz de contener las emociones que brotaban dentro de sí. De repente, se dio cuenta de que estaba enojada con Dios en cuanto a cada aspecto de su vida. No solo era el alcance de la ira lo que la asombró; fue su fortaleza.

Una mujer mayor se le acercó a Ruth justo en ese momento. «¿Estás bien?», le preguntó. De repente, Ruth comenzó a estremecerse con sollozos hasta que por fin pudo articular palabras. Entonces, las compuertas se abrieron en verdad. Todo el dolor, la ira y la hostilidad que Ruth había retenido se derramaron. La mujer sostuvo su mano y escuchó hasta que a Ruth ya no le quedaron más palabras que decir. No había condena. La mujer oró por Ruth.

A la mañana siguiente, Ruth se sentó en la parte de atrás del santuario. Quería estar sola. La líder de alabanza invitó a todas a cerrar sus ojos. Cuando Ruth cerró sus ojos, una escena comenzó a aparecer en su mente. Se vio volando por el cielo con Jesús. Él la sostenía con fuerza. Desde lo alto, miró hacia abajo y vio la casa en la que fue víctima del abuso sexual. Volvió a ver a Jesús. Él estaba llorando. Juntos, bajaron en picado hacia la casa y volaron por las habitaciones. Ruth vio toda la escena que se desarrollaba ante sí, pero ella estaba por encima de todo, segura en los brazos de Jesús. Lloraron juntos por la pérdida de su inocencia y ella pudo sentir el dolor de su Salvador.

Lo siguiente que vio fue un gran libro. Cada página contenía una historia de su vida que se representaba con vivos colores. Una página tras otra se volteaba ante ella y recordó cosas que había reprimido, olvidado o escondido en los recovecos más oscuros de su mente. En cada página, Dios se escribía a sí mismo en la historia. Ruth no estaba segura hacia dónde llevaban los capítulos, pero vio que se creaba una novela épica. De repente, se dio cuenta de que era la historia de su vida. Y a medida que se desarrollaba esa historia, Ruth se daba cuenta de que perdonaba a Dios por cada agravio y cosa mala que alguna vez hubiera tocado su vida. A medida que lo perdonaba, la historia adquiría más colores y se convertía en una gran aventura. La visión pareció continuar por horas, cuando en realidad solo fueron minutos.

Ruth sabía que Dios hizo algo en su vida en ese momento. Esperó con anticipación que hablara la conferenciante. El tema que la mujer expuso fue cómo Dios escribía la historia de la vida de cada mujer. ¡Ruth estaba atónita!

Ese fin de semana Ruth perdonó a Dios.

Ruth se fue del retiro como una mujer cambiada. Ahora es voluntaria y se involucra en el ministerio de mujeres. Tiene una transparencia renovada con sus amigos. Y ha desarrollado una profunda sensación de compasión por otras personas. Lo mejor de todo, tiene paz en cuanto a cómo Dios la cuidó y la seguirá cuidando a lo largo de las páginas de su historia.

Cuando nos negamos a perdonar a Dios

Lo triste es que hay gente que experimenta ira hacia Dios, pero no encuentra su camino hacia la paz y la comprensión como lo hizo Ruth. Cuando la ira continúa, la falta de perdón no solo destruye la calidad de vida de uno en la tierra, sino que pondrá en peligro su bienestar eterno. El precio es demasiado alto.

Tim estaba enojado con Dios. Cuando le pregunté por qué, casi escupe la respuesta. Culpaba a Dios por todo lo que le había salido mal en la vida. Dios impidió que la chica que amaba se casara con él. Dios chocó el auto de Tim cuando él lo conducía. Dios permitió que los padres de Tim se divorciaran. No había ninguna cosa mala en la vida de Tim por la que no culpara a Dios.

Cuando su letanía en contra de Dios parecía acercarse a su fin, le pregunté:

—Entonces, ¿crees en Dios?

—Claro que sí. ¿Quién si no Él me está arruinando la vida?

Tim no era ateo, pero tampoco era creyente. Tim estaba enojado con Dios. En su enojo, no aceptó ninguna responsabilidad por ninguno de los problemas de su vida. Según Tim, él era un buen hombre a quien Dios perseguía.

Tim tenía un concepto distorsionado de Dios. Esperaba que Dios lo bendijera siempre, ya fuera que lo honrara o no. Tim quería que Dios le diera todo lo mejor de la vida y que nunca le retuviera nada.

Tim quería controlar a Dios.

Traté de explicarle cómo un Dios al que Tim pudiera controlar y darle órdenes no sería Dios en absoluto.

—En realidad, ¿quieres que el Dios que creó y mantiene el universo se acomode a tu entendimiento limitado? ¿Quieres que Él base sus decisiones en tus caprichos y deseos momentáneos y no en el bienestar eterno de la humanidad?

Tim se veía un poco avergonzado. A decir verdad, no quería considerar lo que le decía yo. Quería culpar a alguien que no fuera él mismo. Dios era un blanco fácil.

Sin embargo, culpar a Dios no es una acción sabia. La culpa se convierte muy pronto en amargura, y la amargura endurece el corazón. Un corazón endurecido en contra de Dios es un corazón que se aparta de todo el consuelo y las promesas de Dios. ¿Te parece mala la vida ahora? Si te alejas de Dios, se pondrá increíblemente peor.

Ha llegado la hora de cambiar lo que no entiendes en cuanto al sufrimiento de esta vida por lo que sí sabes acerca de Dios. Dios es bueno. Dios tiene un gran plan benévolo que no se puede comprender en este lado del cielo.

Si has responsabilizado a Dios por las cosas que han salido mal en tu vida, es hora de que perdones a Dios y que comiences a recibir su consuelo y su gracia, permitiéndoles que fluyan en toda tu vida otra vez.

Preguntas para el estudio y la reflexión personal

1. Describe una época, si la hay, en la que Dios te hubiera decepcionado.

2. ¿Por cuáles problemas de tu vida has culpado a Dios?

3. Lee 2 Corintios 4:17-18. ¿Cómo puede la gloria del cielo hacer que los sufrimientos de la tierra palidezcan en comparación?

4. ¿Por qué crees que es una idea sabia perdonar a Dios?

5. Dedica un momento para vaciar tu propio corazón ante Dios. Cuéntale todas las cosas que te han alterado, incluso los problemas que no entiendes. No olvides perdonar a Dios por las cosas que no entiendes.

Oración

Querido Señor:

Examino mi corazón y encuentro ira residual
por ti debido a las veces en que la vida ha sido
difícil de verdad. Te entrego esa ira y busco tu
perdón y sanidad. Sé que te he culpado cuando
las consecuencias de mis propias acciones, o las
acciones de la gente que amo, afectan las vidas de
manera negativa. En lugar de eso, debería correr
a tu refugio y sentarme a tus pies para pedirte
dirección y esperanza.

Muéstrame la manera en que debo vivir, Señor.
Enséñame a liberar cualquier culpa que tenga en
tu contra ahora. No quiero que nada se interponga
entre tu increíble amor sanador y yo. Descansaré
en lo que sé de ti. Y sé que tú eres fiel, amoroso,
perdonador y que abundas en misericordia.

Te amo, Dios.
En el nombre de Jesús, amén.

Capítulo 9

PERDONEMOS A OTROS

La oración que el Señor Jesús les enseñó a sus discípulos a orar sirve como un modelo importante para cada creyente. En los requisitos de esta corta oración se encuentran las cosas esenciales que deben estar presentes en cada oración. Es una oración que si se hace con el corazón y con un entendimiento completo, nos pondrá en el espíritu del perdón.

> Padre nuestro que estás en los cielos,
> santificado sea tu nombre.
> Venga tu reino. Hágase tu voluntad, como en el cielo,
> así también en la tierra.
> El pan nuestro de cada día, dánoslo hoy.
> Y perdónanos nuestras deudas, como también nosotros
> perdonamos a nuestros deudores.
> Y no nos metas en tentación, mas líbranos del mal;
> porque tuyo es el reino, y el poder, y la gloria, por
> todos los siglos. Amén. (Mateo 6:9-13, rv-60)

Primero, está el reconocimiento de que Dios es el «Padre nuestro». Tenemos al mismo Padre. La falta de perdón siempre aísla. Nos hace querer orar «Padre mío», y excluir a cualquiera de los beneficios del amor paternal de Dios. Cuando reconocemos que tenemos al mismo padre benevolente, entendemos que Dios quiere que todos sus hijos se comporten bien, que sean bendecidos y que sean de un corazón hacia Él.

El segundo reconocimiento en esta oración es el reconocimiento del poder del nombre de Dios. Dentro del nombre de Dios (YO SOY EL QUE SOY), se encuentran todos los recursos que necesitamos para la vida y la piedad. El nombre de Dios es la declaración de su benevolente carácter y sus atributos, su disposición y deseo de compartir esos dones con nosotros, así como la gran riqueza de sus recursos.

La primera petición es que venga el reino de Dios. Todas las implicaciones de esta petición no se llevarán a cabo hasta que Jesús regrese para gobernar y reinar en la tierra. Cuando eso ocurra, se corregirá cada mal. No obstante, hay una aplicación secundaria en nuestro corazón. Él quiere ser Señor y gobernador de nuestro corazón. Cuando oramos para que el reino de Dios venga, le pedimos a Dios que reine en nuestro corazón. Dios desea reinar en nuestro corazón antes de que Él reine en este mundo

La segunda petición en esta oración es que se haga la voluntad de Dios. La voluntad de Dios no solo es buena; es el bien supremo. Eso significa que las cosas que Dios permite, ya sea que entendamos su buen propósito o no, tienen un orden más alto, un propósito divino y una recompensa eterna. Esta comprensión y petición nos ayuda a entregar las cosas malas que nos ocurren en las manos capaces de Dios. La voluntad de Dios siempre se hace en el cielo, y el cielo no tiene sufrimiento, dolor, ni lesiones de ninguna clase. En el cielo hay sanidad y consuelo, gloria y entendimiento perfecto, alegría y amor. Esa es la expectativa de la voluntad de Dios. Así que cuando la voluntad de Dios se pone en práctica en nuestras circunstancias terrenales, podemos esperar sanidad y consuelo, gloria y entendimiento, alegría y amor.

La siguiente petición es práctica. Dios entiende nuestras necesidades físicas. Él sabe que necesitamos comer, beber, descansar, vestirnos, y que tenemos todas las demás necesidades de la vida. Dios nos creó, y como nuestro Creador, Él sabe con exactitud lo que necesitamos. Jesús dijo: «Su Padre celestial sabe que ustedes tienen necesidad de todas estas cosas» (Mateo 6:32). Jesús nos instruye a orar por nuestro pan *de cada día*. Dios quiere que dependamos de Él y que vayamos a Él en oración cada día por todas nuestras necesidades.

Observa la petición que sigue a nuestro pan necesario: «Perdónanos nuestras deudas». Cada día debemos reconocer que necesitamos el perdón continuo de Dios. Cada día debemos reconocer que somos deudores de Dios porque Él nos ha perdonado a través de la muerte y el sacrificio de su amado Hijo. Este entendimiento y súplica nos mantiene humildes ante Dios. Nos recuerda que somos deudores de la gracia y la bondad de Dios.

Lo que sigue a esta petición siempre me sorprende: «Como también nosotros perdonamos a nuestros deudores». En realidad, es parte de la súplica para nuestro perdón. Cuando pedimos por nuestro perdón, también pedimos por el poder de perdonar a otros las deudas que tienen con nosotros. Jesús consideró que perdonar a otros es un elemento esencial para nuestra vida de oración.

Jesús entonces nos dirige a orar por la protección divina en contra de la tentación del maligno. Esta petición por protección divina llega después del reconocimiento de ser perdonados y de la orden de perdonar a otros. Aunque no hay duda de que necesitamos la protección divina del maligno en cada aspecto de nuestra vida, es especialmente cierto que el diablo nos tienta y se aprovecha de nosotros a través de la falta de perdón.

Las líneas finales de esta magnífica oración nos recuerdan el poder de Dios para ratificar y responder todo lo que le llevamos para su consideración.

Insto a cada creyente cristiano para que incorpore cada elemento de esta oración divina a su vida diaria. Después de todo, Jesús dijo: «Ustedes deben orar así».

Las siguientes historias son de mujeres que aprendieron a hacer esta oración con el corazón, y de esta manera fueron capaces de sentir la increíble liberación y sanidad que llegan cuando perdonas.

El perdón para un asesino

¿Cómo es posible perdonar a alguien que con crueldad le quita la vida a la persona más valiosa de tu vida? En el caso de Lynn, la pérdida fue mucho más profunda y mayor. El hombre que les quitó la vida a los seres más amados de Lynn no sentía remordimientos y era agresivo. Ninguna superficialidad ni fórmula podían disminuir el sufrimiento y el dolor que sentía Lynn. El tormento continuó por años. Lynn se dio cuenta de que redirigir su vida hacia un curso saludable requeriría que perdonara al hombre que destruyó a su familia.

En los Estados Unidos, la década de 1980 parecía ser de la inocencia y la diversión. La mujer comenzó a ejercitarse con tonos vigorizantes, con trajes coloridos y colas de caballo a la moda. *La casa de la pradera* era uno de los programas de televisión más populares. Ronald Reagan era el presidente y todos sentían que las cosas iban a mejorar.

Justo así era cómo se sentía Lynn. Nunca esperó que la tragedia los azotara en una época de tanta prosperidad.

Lynn y su esposo Richard tenían tres hijos apuestos que asistían a la misma universidad. ¡El orgullo que sentían de sus tres hijos solo ascendió con el anuncio de su hijo mayor de que se había comprometido!

Richard y Lynn hicieron planes para conocer a la futura novia durante el fin de semana del partido dedicado a los que regresan a casa en la universidad. Después de hacer el viaje a la universidad de los chicos y de acomodarse en su habitación del motel, Lynn y su amiga Fay fueron de compras, mientras Richard iba a recoger a los chicos y sus acompañantes. Richard optó por llevar en el auto a los chicos ese fin de semana, debido al elemento alborotador de las fiestas de la universidad.

Cuando Lynn volvió a su habitación del motel, encendió el televisor mientras preparaba la comida para la celebración de la noche. Cuando se ocupaba de sacar los comestibles de las bolsas del mercado, un boletín de noticias importantes interrumpió el programa. Varios estudiantes de la universidad de sus hijos estuvieron involucrados en un accidente automovilístico. El choque cobró tres vidas. Solo había dos sobrevivientes. Lynn se acercó más al televisor. Tal vez fuera alguien conocido. Se quedó sin aliento al reconocer los restos destrozados en la pantalla.

En unos minutos, a Lynn y a su amiga Fay las llevaron al hospital. La hija de Fay y dos de los hijos de Lynn estaban entre los que pronunciaron muertos en la escena. A Lynn le informaron que su hijo mayor y su esposo estaban en una condición crítica, aferrándose apenas a la vida. Los días siguientes los pasó al lado de sus camas, esperando y orando por su recuperación. Ni siquiera estaba segura de cómo orar, porque las probabilidades de su recuperación eran dudosas. Durante ese tiempo, Lynn tuvo que hacer arreglos funerarios para sus dos hijos que murieron. También hizo planes para hacer que a su hijo sobreviviente y a su esposo los llevaran a su ciudad en un avión médico.

Cuando estuvo en casa, Lynn pasó los diez días siguientes en el hospital con su hijo mayor, Michael, y con su esposo, Richard. Michael sucumbió a sus heridas durante ese tiempo y murió. Luego, apenas un día antes del Día de Acción de Gracias, el hospital le pidió a Lynn que considerara retirar a Richard del respirador artificial.

El pastor de Lynn y unos cuantos amigos fueron al hospital. Pudieron ver que Lynn no estaba en forma para tomar esa decisión tan crucial. Le pidieron que se fuera a casa a descansar. Richard murió esa noche cuando todavía estaba conectado al respirador artificial.

Los cuatro funerales se llevaron a cabo juntos. El servicio fue amoroso y edificante. La iglesia se reunió alrededor de Lynn y procuró consolarla y bendecirla de muchas maneras. Sin embargo, nada podía preparar a Lynn para la vida en la tétrica casa que alguna vez compartiera con tres chicos ruidosos y su esposo que la adoraba. No tenía familia. Todas las esperanzas y los sueños que disfrutó con su esposo y que invirtió en sus hijos, se fueron de repente en una enorme ola de tragedia. Se quedó para organizar, regalar y desechar todo lo que alguna vez fueron los emblemas de su familia feliz.

Lynn cuestionaba la razón de esa calamidad tan dolorosa. ¿La estaba castigando Dios? ¿Era eso el pago por algún pecado secreto que cometiera? No podía pensar en nada que hubiera hecho alguna vez para merecer esa devastación.

Los problemas de Lynn no se habían terminado. Las heridas que estaba tratando de sanar se le abrieron cuando las familias de las novias de sus hijos presentaron demandas injustas por muerte en contra de Lynn. A medida que Lynn batallaba por pagar una montaña de deudas por las facturas médicas de su esposo y sus hijos, estaba sumida en pagos legales para defenderse en contra de los padres consternados, padres que Lynn abrazó y con quienes lloró en el hospital cuando recibieron la trágica noticia.

Al hombre responsable del accidente lo arrestaron, pero le quitaron los cargos cuando acordó ir a rehabilitación. ¡Lynn estaba enojada! Ella y las demás familias recibieron una cadena perpetua de pérdida y él se salió con la suya al ir a unas instalaciones que lo ayudarían con su alcoholismo. Lynn trató de sacar toda esa injusticia de su mente. Sabía que su supervivencia dependía de esto.

Lynn le escribió un gran listado de preguntas a Dios, que comenzaba con «¿Por qué? o «¿Qué habría pasado si?». Las archivó para guardarlas hasta el día en que se encontrara con el Señor cara a cara. Por ahora, no había ninguna respuesta.

Después que el hombre que ocasionó el accidente lo liberaron de la rehabilitación, de alguna manera consiguió el número de teléfono de Lynn. Comenzó a acosarla. La culpaba por el accidente y la acusaba de haberle arruinado su vida. ¿Su vida?

Para Lynn era difícil pensar que ese hombre no fuera nada más que un monstruo. Nunca pensó en él como un ser humano que Dios amaba y por quien Dios entregó a su único Hijo. Entonces, una noche, comenzó a pensar en la mujer de la Biblia que era una pecadora conocida. Jesús dijo que «sus pecados eran muchos», aun así la perdonó. ¿Era posible que Dios quisiera perdonar a este borracho también?

Era la primera vez que Lynn consideraba que quizá tendría que perdonar realmente al hombre que les arrebató la vida a sus hijos y a su esposo.

Lynn se mudó a la costa este y trabajó mucho para seguir pagando las facturas médicas. Estaba sola por completo y su salud se había debilitado por la tragedia. Por muchos años, su vida consistió en nada más que de la rutina de asistir a la iglesia, trabajar, comer, dormir y trabajar un poco más. Estaba abrumada por el dolor, pero todavía estaba determinada a pagar cada deuda que tenía.

Los momentos vacíos eran los más difíciles para ella. Decidió llenar las grietas de tiempo con estudio bíblico. Eso la llevó a escuchar música de adoración y a la oración. A medida que crecía en lo espiritual, sentía un apremio continuo de Dios de que tenía que perdonar al borracho que ocasionó la muerte de su familia. Cada vez que Lynn sentía que Dios presionaba su corazón, lloraba. «Señor, solo parece que me pides demasiado», oraba.

El borracho logró obtener el nuevo número telefónico de Lynn y las llamadas acosadoras empezaron de nuevo. Durante ese tiempo, Dios siguió presionando con suavidad a Lynn para que perdonara. El Espíritu de Dios tiraba ligeramente de su corazón para que soltara su dolor y agonía con solo entregarle por completo al conductor ebrio a Él. Al mismo tiempo, Lynn sintió que Dios le quitaba el aguijón de amargura que sentía. Aunque Lynn nunca olvidaría a sus amados hijos ni a su esposo, sus recuerdos de los que amaba llegaron a ser tiernos y ya no estaban envueltos por la manera injusta en la que murieron.

Entonces sucedió.

El borracho la llamó una vez más. Lynn agarró el auricular con su mano derecha. Antes de que comenzara con su arrebato de acusaciones, Lynn dijo: «Debido a que Jesucristo me perdonó, decido perdonarlo por lo que le hizo a mi familia». Silencio.

Lynn esperó. La línea enmudeció. Había colgado. Nunca volvió a llamar a Lynn. Ella no sabe lo que le pasó al hombre. Sin embargo, Lynn sabe lo que Dios hizo en ella esa noche. La sanó por completo. Todo el alivio, el consuelo y la paz que estuvieron ausentes en su vida por meses regresaron y la inundaron. De repente, era libre para ser la mujer que Dios quería que fuera.

Aunque el sufrimiento de Lynn está lejos de terminar, Dios ha bendecido su vida una y otra vez. Tiene una nueva perspectiva. Lynn ha aprendido que la vida es incierta. Por lo tanto, los cristianos tienen que orar, empacar y estar listos para que Jesús los recoja en cualquier momento.

Con suavidad, Dios guio a Lynn por el camino del perdón, y luego la instó a que diera el primer paso. Si Lynn no hubiera decidido perdonar al hombre que mató a su familia, habría continuado como rehén de ese acoso y del daño que le había ocasionado. En lugar de eso, por la gracia y el estímulo de Dios, Lynn decidió perdonar. Al perdonar al borracho, se liberó de su acoso y pudo buscar una vida con nuevos gozos y propósitos.

Lynn tuvo que perdonar a un hombre que apenas conocía, pero que le ocasionó devastación y angustia inimaginables a su vida. Lynn nunca tuvo que volver a ver al asesino de sus hijos. Sin embargo, nuestra próxima historia trata de una querida amiga que tuvo que perdonar al hombre que violó el pacto del matrimonio que le había hecho.

El perdón al rechazo

Cuando una pareja se casa, hace un voto de amarse y valorarse hasta que la muerte los separe. La violación de ese pacto penetra en lo profundo del corazón. El que no es amado, valorado y abandonado se queda con una ofensa emocional, con inseguridades profundas y un creciente sentido de vulnerabilidad.

¿Cómo empiezas a perdonar a alguien que no considera valioso ese pacto sagrado? Ese fue el dilema de Donna cuando su esposo le anunció que quería el divorcio después de quince años de matrimonio. Su decisión era final. No quería trabajar en la relación. No quería buscar consejería. Quería abandonarla.

La primera reacción de Donna fue hundirse en el rechazo. Se culpaba a sí misma. Tal vez si se hubiera esforzado más para complacer a su esposo. Si solo hubiera sido una mejor madre. ¿Qué podría haber hecho para hacer que el matrimonio resultara? No le tranquilizaba su mente recordar las críticas constantes de su esposo. Le había dicho que ella era una horrible esposa y madre.

En realidad, Donna hizo todo lo posible para que su matrimonio funcionara. Cuando esos pensamientos de condena se precipitaban en la mente de Donna, ella aprendió a entregárselos al Señor. Oraba así: «Señor, por favor, quítame estos pensamientos. No quiero llevarlos conmigo». El Señor la consolaba con pasajes bíblicos: «Vengan a mí todos ustedes, los agotados de tanto trabajar, que yo los haré descansar» (Mateo 11:28). Donna batallaba debido a la severidad de la condenación, y a veces tenía que hacer esta oración y reclamar la promesa de Mateo 11:28 cada pocos minutos.

Durante esa época de su vida, una amiga le dijo a Donna que esos pensamientos negativos eran como basura. Tenía que sacarlos a la acera y nunca llevarlos de regreso a la casa. Tenía que tomar una decisión consciente de sacar a la acera la basura que circulaba en su mente. Dentro de esos basureros ella no solo rindió los pensamientos que la condenaban, sino también los pensamientos amargos de ira y resentimiento hacia su esposo.

En cambio, después del perdón, su mente a menudo le daba cabida a los pensamientos acerca del futuro que nunca tendría, de los sueños que jamás se llevarían a cabo, de una familia que estaba rota para siempre, y ocasiones importantes futuras que experimentaría sola. Donna descubrió el regalo de Jeremías 29:11: «Porque yo sé muy bien los planes que tengo para ustedes —afirma el Señor—, planes de bienestar y no de calamidad, a fin de darles un futuro y una esperanza» (NVI®). Donna sustituyó los pensamientos de lo que nunca sería con pensamientos de las cosas buenas que Dios planificaba para ella.

Donna siguió con su decisión de perdonar a su exesposo orando por él, contando sus bendiciones y viviendo el ahora de su vida, enfocándose en Jesús. Ya han pasado tres años desde el divorcio de Donna, pero ella nunca se había sentido tan libre. Ha sanado por completo del dolor que sintiera alguna vez. Su exesposo la llama muy a menudo y todavía la maltrata de palabras; sin embargo, Donna ya no se siente impulsada a desquitarse. Está libre del dolor pasado, mientras que él todavía es esclavo de eso.

Al igual que Donna, es posible que tengas que tomar medidas específicas para asegurar que continúe tu decisión de perdonar y de ser libre. Tú también puedes necesitar imaginar que cada pensamiento no perdonador es como basura en el suelo de tu casa que necesita barrerse y lanzarse en el gran basurero de afuera. Recuerda: la basura es basura. Si guardas esos pensamientos atormentadores en el suelo de tu corazón, se acumularán y se apoderarán de tu vida. ¡Qué mejor que mantener tu corazón limpio al sacar la basura con regularidad!

El nuevo comienzo

¿Cómo perdonas a alguien cuando a diario te bombardean los recuerdos de palabras amargas, acusaciones y acciones hirientes? Ese es justo el obstáculo que enfrentaba Linda. Así y todo, Linda había recibido la seguridad de Dios a través de su Palabra de que Él le daría bendiciones donde alguna vez hubo dolor. Linda se dio cuenta de que si alguna vez esperaba involucrarse con las promesas que Dios le había dado, tendría que enfrentar el asunto de la falta de perdón que tenía en su corazón. El muro de la falta de perdón que ella y su esposo erigieron entre sí amenazaba cualquier posibilidad de las promesas de Dios.

Linda conoció a Larry cuando ambos trabajaban en la misma tienda por departamentos. Linda pensaba que Larry era el hombre más apuesto que hubiera visto. Larry era amable con la joven empleada. Linda, debido a su crianza con abusos, anhelaba amabilidad. Se sentía profundamente enamorada de Larry. Él era diez años mayor, pero la diferencia de edad solo lo encariñó más con Linda.

Larry se sentía muy atraído a Linda. Ella tenía grandes ojos azules, cabello rubio largo y una personalidad atractiva. Además, ¡estaba loca por él! Solo había algo que se interponía en el camino de una relación entre los dos. Larry era cristiano y linda no. Sin embargo, cuando Larry le habló del Señor a Linda, ella hizo un compromiso con Jesús. Larry incluso esperó para asegurarse de que el compromiso de Linda fuera una decisión sincera y personal, y que no lo había hecho porque quisiera complacerlo, ni para estar en una relación con él.

Después de tres años de salir juntos, Larry estuvo seguro. Larry y Linda se casaron. No obstante, si Linda esperaba la dicha matrimonial, estaba equivocada por completo. Llegó al matrimonio con mucho bagaje emocional por el matrimonio roto de sus padres. La criaron sin ningún afecto. Su abuela la maltrató de palabras y su hermano la acosó sexualmente.

Linda esperaba que Larry fuera su salvador. En cambio, no lo fue.

Las fricciones pronto comenzaron a desarrollarse entre los dos. Linda buscó al Señor con sinceridad, pero a medida que se acercaba más a Jesús, la distancia entre ella y Larry era más evidente. Linda oraba por respuestas y ayuda para su matrimonio, y recibió promesas de la Biblia. Reclamaba esas promesas, descansaba en esas promesas y oraba con esas promesas en mente.

Larry llegó a estar aun más alejado y a ser más frío. Cuando trataban de discutir lo que sucedía entre ellos, surgían los gritos.

Larry culpaba a Linda por todo lo que estaba mal en el matrimonio. Linda acusaba a Larry de que nunca la había amado. Los conflictos se sepultaban después de las peleas, solo para que más tarde emergieran de nuevo con mayor ferocidad.

Linda comenzó a detestar a Larry. Podía decir que ese sentimiento era mutuo. Aun así, se aferraba a lo que comenzaron a parecer promesas vacías. A veces Linda decidía que cambiaría a Larry. Sin embargo, ningún esfuerzo por parte de Linda, bueno o malo, efectuaba ningún cambio en Larry.

Un día, la pelea llegó a ser violenta. Atrapados en los límites de su pequeño baño, comenzó la discusión. De repente, Larry empujó a Linda y ella cayó de espaldas. Entonces, le bloqueó la puerta. Se dio la vuelta con toda la ira reprimida que había en él y abrió un agujero con el puño en la pared donde estuvo la cabeza de ella. Linda no estaba segura de lo que pasaría después. En lugar de más violencia, Larry agachó la cabeza y dijo: «No podemos seguir así». Las palabras tenían un carácter definitivo que aterrorizó a Linda y, aun así, sabía que eran ciertas.

Al día siguiente, Linda se fue a un retiro de mujeres por un fin de semana. Lloró durante cada estudio. El tema del retiro era «Cómo permanecer en las promesas de Dios». Cada referencia a las promesas de Dios estremecía a Linda. «¿Qué había pasado con las promesas de Dios?» Tenía un archivo lleno de promesas, pero ninguna se había cumplido. Divisó a la esposa del pastor y le preguntó si podía hablar a solas con ella por un momento.

Linda se desahogó con todos los problemas matrimoniales por los que ella y Larry habían pasado durante los últimos trece años. La esposa del pastor escuchó con paciencia. Al final, Linda sacó su diario y le mostró las promesas que Dios le había dado. «¿Qué se supone que debo hacer con ellas?», le preguntó.

«Tienes que aferrarte a ellas y seguir creyendo». Entonces la esposa del pastor oró por Linda.

Linda se fue a casa, insegura de cómo se desarrollaría todo lo que experimentó en el retiro. Casi de inmediato, cuando entró por la puerta, comenzaron las peleas. Larry salió furioso de la casa y Linda levantó el teléfono para llamar a una amiga para quejarse. Cuando levantó el auricular, sintió que el Señor le hablaba. «¿Qué va a hacer eso para ti?» Colgó.

Hizo una pausa y luego volvió a levantar el auricular por segunda vez para llamar a su amiga. Y, de nuevo, oyó al Señor que le hablaba. «Te pregunté, ¿qué va a hacer eso para ti?». En ese momento, se dio cuenta de que su esfuerzo durante los últimos trece años no habían hecho nada para cambiar a Larry, ni para mejorar su matrimonio. Linda se postró en el frío suelo de losas de su cocina. «Tú ganas, Señor. No me queda nada con lo cual pelear. No tengo emociones, fortaleza, ni respuestas. No hay nadie a quien acudir. No queda nada. No sé lo que hay que cambiar, Señor, pero tú sí». En ese momento se le ocurrió a Linda: Tenía que perdonar a Larry. Parecía muy sencillo. El dolor y el daño que se habían ocasionado el uno al otro le vinieron a la mente y perdonó cada ofensa.

Larry llegó a casa bastante después. Se paró a unos centímetros de ella. Ninguno de los dos habló por un rato. Entonces, Larry la miró y dijo: «¿Ya se acabó todo?». Y ella se dio cuenta de inmediato que él no hablaba de la relación, sino de las tensiones y de la falta de perdón entre ellos.

Nunca entenderá cómo sabía Larry que algo había cambiado. Aun así, lo miró, y por primera vez en años lo amó, en realidad lo amó. «Sí», le dijo, «ya se acabó».

Larry y Linda nunca volvieron a discutir quién había hecho qué. La culpa y las acusaciones de los últimos años se terminaron. Dios se las llevó.

A partir de ese momento, las cosas empezaron a cambiar con rapidez. Había un amor renovado y un compañerismo entre la pareja. Después de más o menos un año, tanto Larry como Linda se involucraron en su iglesia. Larry aceptó un ministerio que necesitaba un nuevo líder. Linda estuvo a su lado para ayudar. Ahora sirven juntos felizmente.

Tanto Linda como Larry tomaron la decisión de perdonar. Cuando lo hicieron, Dios pudo bendecir su matrimonio y llevarlos a todas las promesas y los propósitos que Él les tenía planificado.

El perdón de la inocencia robada

A una de cada cinco chicas jóvenes la violará sexualmente alguien en quien confiaba. El daño se profundiza tanto por la pérdida de la inocencia como por la profanación de la confianza. A los que se les confió proteger y valorar la inocencia, en lugar de eso, decidieron aprovecharse de esa confianza sagrada para satisfacer sus propios antojos egoístas e inmorales. Muchas mujeres que fueron víctimas de una violación de esas en su juventud, permanecieron como rehenes de la falta de perdón.

He hablado con innumerables mujeres que batallan con liberarse de la vergüenza y la humillación del acoso sexual. No es una decisión fácil perdonar a un acosador sexual. Y las mujeres vacilan en hacerlo porque temen facultar al perpetrador o dejarlo libre de culpa. Sin embargo, las que deciden perdonar, se dan cuenta de que el resultado opuesto es cierto. En lugar de facultar al perpetrador, se ha requerido de la fortaleza de seguir sufriendo lejos del perpetrador. Han sanado y son libres para vivir en los buenos planes y propósitos que Dios tenía para ellas.

Betty apenas tenía siete años cuando se desintegró el matrimonio de sus padres. La madre de Betty se vio obligada a realizar diversos trabajos de poca monta a fin de sostener a Betty y a su hermano. Su madre atendía mesas en restaurantes durante el día, servía bebidas en bares en la noche y trabajaba en clubes nocturnos. Betty se quedaba al cuidado y custodia de su hermano de diez años.

El hogar de Betty carecía de Dios. Nunca iban a la iglesia. Ninguno había establecido ningún estándar moral ni ético. Por lo que a los siete años de edad, Betty no tenía entendimiento de lo que era bueno o malo. Tenía una confianza simple en su madre y su hermano, y hacía cualquier cosa que le dijeran que hiciera.

La ausencia de la madre de Betty en el hogar tuvo consecuencias terribles para Betty. Su hermano, que se convirtió en la figura paterna para ella y su única fuente de amor y compañía, se apartó de su papel protector hacia un papel oscuro, corrupto y malo, el de un acosador sexual.

Lo que alguna vez fuera la entrega pura de Betty hacia su madre y su hermano se perdió. Su hermano la acosaba sexualmente todos los días, y ella permanecía en la casa, pues no sabía nada mejor. Accedía para no tener problemas. En alguna parte de lo profundo de su mente sabía que si su madre alguna vez se enteraba, se desataría un infierno. Por lo que Betty cerraba los ojos y solo permitía que ocurriera. El acoso continuó hasta que por fin Betty se mudó a la casa de su padre.

Ya libre de su hermano, Betty trató de sacárselo de la mente. Por años pensó que había tenido éxito en olvidarlo. Sin embargo, justo cuando era adolescente, Betty batallaba con una depresión profunda. A finales de su adolescencia, mientras Betty miraba un popular programa de entrevistas que abordaba asuntos de familia, se habló del tema del acoso sexual. De la nada, Betty sintió de repente el profundo dolor de su propia deshonra. Cayó de rodillas y comenzó a gritar en la habitación vacía: «¡Mi hermano me acosaba sexualmente! ¡Mi hermano me acosaba sexualmente!». Estaba conmocionada.

Aunque Betty trató de continuar con su vida, la depresión la asediaba a cada paso. Intentó resignarse con su pasado o pasarlo por alto, pero seguía entremetiéndose en sus pensamientos. Esos recuerdos y esas verdades horribles llegaron a ser muy dolorosos como para soportarlos. Cuando Betty cumplió veintitrés años, afloraron las heridas del acoso sexual, a medida que su perspectiva del bien y del mal tornaba clara.

Decidió enfrentar a su hermano. Sentía que tenía que preguntarle por qué se aprovechó de ella y destruyó su inocencia. Hizo arreglos para salir a almorzar con su hermano, y cuando se reunieron, Betty sacó a la luz el tema y le exigió respuestas a sus preguntas. Él vacilaba con nerviosismo durante todo el almuerzo, y le dio excusas por lo que hizo. A fin de cuentas, trató de justificar sus actos diciendo: «Mamá no estuvo allí para enseñarme bien». Él lo trató como si no fuera gran cosa y acusó Betty de desperdiciar su tiempo.

Betty salió del almuerzo sintiéndose vacía y frustrada. Quería que él se disculpara y que le pidiera perdón. No lo hizo. No lo haría. Con el tiempo, la ira de Betty aumentó. Decidió que nunca lo perdonaría por lo que le hizo, ni por su indiferencia insensible hacia su crimen. Betty lo mantenía cautivo para el juicio que él merecía.

No mucho después de su convicción de no perdonar, Betty llegó a ser cristiana y creció en su conocimiento de Dios y su Palabra. Con el tiempo, comenzó a oír que el Señor le hablaba a su corazón en cuanto a su hermano y a su niñez. Cuando Dios tocaba las fibras de su corazón con el concepto del perdón, de inmediato respondía: «¡De ninguna manera, Dios! ¡A él no! ¡Nunca!».

Sin embargo, Dios fue tierno con Betty. Le dio tiempo para que sanara. Cada pocos años, Betty volvía a sentir otra vez el suave y misericordioso estímulo de Dios para que perdonara. Entonces, recibió la noticia de que su hermano estaba pasando por dificultades terribles en su vida. Su esposa y su hija lo habían abandonado. Había perdido su impresionante trabajo. Era un indigente que vivía en las calles.

Betty se quedó asombrada de sus emociones. En realidad, sintió lástima por su hermano. Se preguntaba cómo se sentiría y si su culpa por lo que hizo le había estropeado su éxito en la vida.

Por primera vez, Betty consideró en serio perdonarlo. Dios la guio a que leyera 2 Corintios 2:5-8: «Pero si alguno me ha causado tristeza, no me la ha causado sólo a mí sino, en cierto modo, a todos ustedes (y espero no exagerar). El castigo que muchos de ustedes le impusieron a esa persona, es suficiente. Ahora deben perdonarlo y consolarlo, pues de lo contrario podría consumirlo la tristeza. Por tanto, les ruego que confirmen su amor hacia él».

Este pasaje bíblico le hizo una jugarreta al corazón de Betty. Su corazón, que alguna vez estuviera enojado, se quebrantó ahora. Sintió al Espíritu de Dios que la llenaba de amor, misericordia y perdón hacia su hermano. En ese momento, Betty tomó la decisión de perdonar a su hermano.

Betty ha visto a su hermano solo una vez desde entonces. Él actuó como si nada hubiera pasado nunca y, esta vez, a Betty no le importó. En realidad, le agradó pasar tiempo con su hermano. La atmósfera entre ellos fue saludable, como debe ser entre un hermano y una hermana. La mejor parte de la historia de Betty es que su hermano ahora es cristiano y está de lleno con Jesús. El Señor sigue restaurando la relación que se rompió entre ellos debido al pecado y a la profanación.

Si Dios no la hubiera seguido presionando para que perdonara, Betty todavía estaría llena de odio, amargura e ira hacia su hermano. Ahora, Betty es libre, alegre y ya no le pesa el agravio de su inocencia en la niñez. No toda historia termina como la de Betty. No todas las mujeres sienten la necesidad de enfrentar a su perpetrador otra vez. La decisión de perdonar se formula de forma excepcional de mil maneras en cada vida. Cada historia de perdón sigue un patrón distinto con el gran objetivo de libertad y gozo.

Tu historia de perdón

Todas las mujeres de estas historias testifican de la maravillosa liberación que experimentaron cuando decidieron perdonar. Sus historias habrían terminado en quebranto y tragedia si no se hubieran rendido al suave impulso de Dios para perdonar. Sin embargo, cuando decidieron perdonar, su historia llegó a ser un cuento épico de victoria, gozo y sanidad. Dios quiere transformar la historia de tu vida en una aventura épica, con un final glorioso. Tu historia no tiene que terminar en amargura, angustia y pérdida. Dios puede darte «una diadema en lugar de ceniza, perfume de gozo en lugar de tristeza, [y] un manto de alegría en lugar de un espíritu angustiado» (Isaías 61:3).

Puedes tomar la decisión de perdonar. Sim importar lo que te hayan hecho, puedes perdonar porque Jesús te ha perdonado. Todo comienza con la sencilla oración que Jesús nos enseñó a orar: «Perdónanos nuestras deudas, como también nosotros perdonamos a nuestros deudores». La libertad, el gozo y las promesas de Dios te esperan en el camino al perdón.

Preguntas para el estudio y la reflexión personal

1. Lee 2 Corintios 2:5-8. ¿Cómo te ministran estos versículos en cuanto al perdón?

2. ¿Hay alguien a quien necesites perdonar?

3. Enumera cualquier obstáculo que se interponga en el camino hacia el perdón.

4. Escribe los pensamientos que necesites juntar y echar a la basura. (Una vez que los escribas, ¡échalos en el basurero tachándolos uno por uno!).

5. ¿Qué impulsos suaves has sentido o escuchado de Dios en cuanto a perdonar a los que te han lastimado?

6. ¿Cuál testimonio de este capítulo te ministró más? ¿Por qué?

Oración

Querido Señor:

Tú pudiste ayudar a Lynn, Donna, Linda y
Betty a perdonar. Sé que puedes ayudarme
a perdonar. Quiero la libertad que llega al
entregar a tu control y juicio las transgresiones
de otros. También quiero sentir la libertad de ser
perdonada. Señor, libérame de la carga agonizante
de las heridas pasadas.

Ayúdame a escuchar tu estímulo suave para que
perdone. Toma mi mano y guíame en tu camino
de gracia. Ayúdame a sentir tu presencia y
ternura en esta nueva aventura.

En el nombre de Jesús, amén.

PERDONEMOS A LA IGLESIA

A una mujer mayor que conozco le encanta preguntarle a todo el que conoce: «¿Vas a la iglesia?». Si la respuesta es afirmativa, le pregunta: «¿A qué iglesia vas?». Esta pregunta ha hecho que algunas personas se sientan intranquilas. Ella tiene su cantidad considerable de historias de las personas con las que habla acerca de cómo dejaron de asistir a la iglesia cuando los hirieron.

¿Eres una de ellas? Aunque sea doloroso explorar la idea, es hora de perdonar y de darle otra oportunidad a la iglesia. ¿Por qué? Porque Dios quiere bendecirte colocándote en una comunidad de creyentes que fortalecerá tu fe.

Tu lugar en el cuerpo de la iglesia espera por ti. Dios quiere usarte en su asamblea para que seas de bendición a otros. El apóstol Pedro dice: «No devuelvan mal por mal, ni maldición por maldición. Al contrario, bendigan, pues ustedes fueron llamados para recibir bendición» (1 Pedro 3:9). Cuando no perdonas a la asamblea del pueblo de Dios, terminas robándote la oportunidad de bendecir a otros y de que seas bendecida.

¿Qué es la iglesia?

La palabra griega traducida como iglesia es *ekklesia*. Su significado literal es «ser llamado a reunirse». Durante los tiempos del Nuevo Testamento, esa era una palabra común. Denotaba una reunión de ciudadanos llamados de sus hogares a una asamblea pública.

La iglesia es una reunión de ciudadanos «llamados» de este mundo a la asamblea de Jesucristo. Al considerar esta asamblea, es vital recordar que los llamados no son perfectos. Observa cómo Pablo los describe en 1 Corintios 1:26-29: «Consideren, hermanos, su llamamiento: No muchos de ustedes son sabios, según los criterios humanos, ni son muchos los poderosos, ni muchos los nobles; sino que Dios eligió lo necio del mundo, para avergonzar a los sabios; y lo débil del mundo, para avergonzar a lo fuerte. También Dios escogió lo vil del mundo y lo menospreciado, y lo que no es, para deshacer lo que es, a fin de que nadie pueda jactarse en su presencia».

Sí, es un grupo de humanos defectuosos a quienes Jesús llama a su asamblea. Pedro lo describe de esta manera en 1 Pedro 2:9-10: «Pero ustedes son linaje escogido, real sacerdocio, nación santa, pueblo que pertenece a Dios, para que proclamen las obras maravillosas de aquel que los llamó de las tinieblas a su luz admirable. Ustedes antes ni siquiera eran pueblo, pero ahora son pueblo de Dios; antes no habían recibido misericordia, pero ahora ya la han recibido» (NVI®).

A la gente se le llama de las tinieblas a la comunidad de Dios, no por su mérito o bondad, sino por la misericordia de Dios. Cuando responden al llamado de Dios, Él los transforma. Llegamos a ser no solo una asamblea de gente, sino la asamblea de gente de Dios. Y puedes estar segura de que no seremos un grupo perfecto hasta que todos nos reunamos en el cielo, pero esa no es razón para darse por vencidas en todo el concepto de la iglesia.

La Biblia nos dirige a la iglesia. «Tengámonos en cuenta unos a otros, a fin de estimularnos al amor y a las buenas obras. No dejemos de congregarnos, como es la costumbre de algunos, sino animémonos unos a otros; y con más razón ahora que vemos que aquel día se acerca» (Hebreos 10:24-25).

Las iglesias enfermizas y las sanas

Solo porque una asamblea se llame iglesia no significa que enseñen, crean y caminen en la Palabra de Dios. Esos son elementos esenciales de una iglesia productiva, edificante y buena. Incluso en tiempos del Nuevo Testamento había iglesias que no eran piadosas ni sanas. Por eso es que el apóstol Juan escribió: «Amados, no crean a todo espíritu, sino pongan a prueba los espíritus, para ver si son de Dios. Porque muchos falsos profetas han salido por el mundo» (1 Juan 4:1).

De modo que hasta una iglesia buena tendrá sus problemas. En Apocalipsis capítulos 2 y 3, Jesús se dirigió a siete iglesias distintas entre las que Él caminó y observó. Tenía recomendaciones para algunas, correcciones para la mayoría, amonestaciones para casi todas y fuertes advertencias para unas cuantas. Así que también hay algunas iglesias que se deben abandonar, algunas a las que se debe ayudar y hasta otras que se deben estimular.

Una iglesia saludable es buena para ti. Dios creó y edificó la iglesia y sigue protegiéndola y bendiciéndola. La iglesia tiene que ser un santuario, un lugar de refugio del dolor y de las heridas. Debe ser una casa de oración, donde alguien pueda elevar su vida a Dios y donde otros creyentes lo eleven en oración. La iglesia debe ser un lugar de comunión, donde los creyentes puedan tener un sentido de pertenencia, de comprensión mutua y de estímulo. La iglesia debe ser un lugar donde la gente pueda obtener conocimiento de Dios y crecer en Él, a través del estudio de la Biblia. La iglesia es necesaria para «perfeccionar a los santos para la obra del ministerio, para la edificación del cuerpo de Cristo, hasta que todos lleguemos a estar unidos por la fe y el conocimiento del Hijo de Dios; hasta que lleguemos a ser un hombre perfecto, a la medida de la estatura de la plenitud de Cristo; para que ya no seamos niños fluctuantes, arrastrados para todos lados por todo viento de doctrina, por los engaños de aquellos que emplean con astucia artimañas engañosas» (Efesios 4:12-14).

He oído muchas historias de creyentes a quienes los hirió alguien en la iglesia, líderes de la iglesia, grupos en la iglesia o dogmas de la iglesia. Algunas de las personas con las que he hablado albergan hostilidad y no quieren asistir a la iglesia. Sin embargo, las historias de este capítulo tienen que ver con gente que hirieron en la iglesia y decidió perdonar. Sus historias y vidas tienen un final muy distinto. En lugar de optar por el aislamiento y la hostilidad persistente, perdonaron.

¡Mal juzgados!

Bob y Clara asistían a *Calvary Chapel* en Westminster, Londres, y eran una de las bendiciones más grandes de la iglesia. Yo quería enviarlos a su siguiente iglesia con una nota en la solapa de Bob (como lo hice con mi hija cuando se fue al jardín de infancia) explicando la gran bendición que eran él y su familia.

Bob y Clara encontraron una iglesia en el área que tenía grandes relaciones con otras iglesias. Con entusiasmo ellos y sus hijos, de doce y catorce años de edad, se sentaron en el santuario principal y esperaron el mensaje de la mañana. Antes de que comenzara el servicio, Clara sintió una palmadita en su hombro. Uno de los ujieres le informó que no se permitía que sus hijos estuvieran en la asamblea principal. Clara trató de explicar que era su primera vez y que sus hijos estaban acostumbrados a sentarse a su lado. El ujier no le hizo caso a sus protestas y le ordenó que salieran los niños.

Bob le escribió una amable carta al pastor pidiéndole permiso para que sus hijos se sentaran con ellos. Se les negó. Sin embargo, se mantuvieron firmes. Les dijeron a sus hijos que tenían que irse a su clase. De nuevo, Bob y Clara se sentaron en el santuario principal. Los niños detestaban su clase que trataba más de juegos juveniles que de estudio bíblico.

Bob decidió escribirle otra carta al pastor. Resumió la situación y de nuevo pidió que se les permitiera a sus hijos sentarse en la iglesia con él y su esposa. Como respuesta, recibió una resolución formal que rechazaba de manera enfática su petición. No había razón más que «porque lo dice el pastor». Bob llamó y pidió una cita, pensando que no entendieron bien su carta. Se la rechazaron.

Bob y Clara no estaban dispuestos a rendirse todavía. Por lo que fueron otra vez a la semana siguiente. Esta vez el pastor le anunció a la iglesia que en lugar de estudiar la Biblia los domingos en la mañana estudiarían un libro sobre crecimiento eclesiástico, juntos como congregación.

Esa idea no le cayó bien a Bob. Escribió otra carta. Le envió una copia de la carta a Brian, mi esposo. Brian pensó que la carta era amable y presentaba el argumento de Bob de un modo inteligente, claro y cortés.

Bob recibió una carta del pastor que le informaba a Bob que él y su esposa ya no eran bienvenidos en la iglesia. Si alguna vez trataban de volver, se tomarían medidas para expulsarlos. Bob quedó impactado. ¡A él y a su esposa nunca les habían pedido que se fueran de ningún lugar! Y no era una organización secular ni una administración impía la que los rechazaba, ¡era la iglesia!

Bob y Clara decidieron perdonar, porque se dieron cuenta de que no todas las iglesias eran iguales. Aunque el rechazo les dolía, se dieron cuenta de que su familia no encajaría bien en esa iglesia. Buscaron y encontraron otra iglesia que los recibió con los brazos abiertos. Bob ha servido por varios años en la junta y Clara ha presentado muchos de los estudios bíblicos de mujeres.

¿Qué habría pasado si Bob y Clara se hubieran dado por vencidos con la iglesia como un todo? Nunca habrían buscado ni encontrando otra iglesia donde pudieran ser bendecidos y servir. Ellos no se lamentan por haber perdonado a la iglesia.

¡Difamada!

Si alguien que conozco tuvo una gran causa para darse por vencida con la iglesia, tenía que ser Audrey. Era joven y vulnerable cuando conoció al triunfante grupo de jóvenes que formaba una nueva iglesia en su ciudad.

Audrey acababa de salir de una situación mala y todavía sufría por los incidentes atravesados. En su iglesia anterior un anciano violó a su querida amiga. Audrey fue a la policía con su amiga cuando presentó los cargos. El anciano en cuestión resultó ser el hermano del pastor. Lo negó todo. Entonces, toda la asamblea se indignó con Audrey y acusó a la víctima de mentir. Audrey ya no fue bienvenida en la comunión, incluso después que se demostró que los cargos eran ciertos.

Sin duda alguna, esta tragedia dolorosa fue lo que hizo que Audrey se emocionara tanto con la invitación a asistir a un nuevo estudio bíblico. Al darse cuenta de que estos jóvenes, Biblias en manos, se reunían en una casa y no en un edificio de una iglesia, Audrey se sintió más segura aun.

Al principio, le encantó la comunión. Le encantó la enseñanza de la Palabra y sintió que crecía en su comprensión de Jesús. Una de las mujeres del compañerismo le ofreció a Audrey acogerla. Audrey estaba contentísima. Sin embargo, poco después que Audrey se mudara a la casa, empezaron los problemas. El pastor, un joven soltero, se sentía atraído hacia Audrey y se lo dijo. Eso no habría sido problema si la nueva compañera de casa de Audrey no se hubiera sentido atraída al pastor.

Cuando la compañera de casa descubrió que el pastor le pidió a Audrey que salieran juntos, se enfureció. Desde entonces, Audrey no pudo hacer nada bien. Todo lo que Audrey hacía se analizaba y se difamaba. Si Audrey ayudaba en la adoración, era para impresionar. Si hablaba con cualquiera de los jóvenes, coqueteaba. Si lloraba, estaba llena de autocompasión. Cuando oraba y estudiaba su Biblia, se le acusaba de hipócrita.

Audrey trataba de hacer bien las cosas. Se disculpaba. Trataba de servir mejor. Se ofreció para mudarse o para irse a otra iglesia. La reprendieron y le dijeron que no. Tenía que quedarse en la comunión y someterse al liderazgo.

Por ese mismo tiempo, Audrey captó la atención de Joe, otro líder de la iglesia. Era un hombre piadoso que ayudaba a los jóvenes adultos a madurar en su fe. Audrey comenzó a confiar en él. Con el tiempo y después de largas conversaciones, Audrey se dio cuenta de que estaba enamorada de Joe. Era todo por lo que había orado en un esposo y más. Los sentimientos eran mutuos. Joe quería pedirle a Audrey que se casara con él.

Joe buscó la aprobación del liderazgo para casarse. La compañera de casa de Audrey, junto con el pastor y unos cuantos más, estaban presentes cuando Joe presentó su solicitud. La compañera de casa gritó: «No te puedes casar con ella. ¡No es digna de ti!». Entonces, usando sus manos para demostrar su argumento, la compañera de casa levantó en alto una mano y con la otra llegó tan lejos como pudo hasta el suelo. «Tú estás aquí», dijo con dramatismo, dirigiendo la vista hacia la mano levantada. «Y Audrey está aquí». Sus ojos se desviaron hacia la mano que estaba más cerca del suelo.

El pastor solo asintió con la cabeza. Después de todo, esa era la chica que había rechazado sus afectos.

«Ya lo veo», dijo Joe. ¡Y sí lo vio! Esa noche Joe llevó a Audrey a la playa. Sentía que era justo decirle las acusaciones que se levantaron en su contra. Audrey lloró.

—No sé qué más hacer. Lo he intentado todo. Me he disculpado. He hecho todo lo que me han pedido que haga. Ya no queda nada.

—Podrías perdonarlos —le dijo Joe tomando de la mano a Audrey.

¿Perdonarlos? Hasta entonces, Audrey consideraba que toda la experiencia dura era su culpa. De repente se dio cuenta de que no tenía la culpa. Con una nueva perspectiva, comprendió que el perdón tenía que ser suyo y sabía que no sería fácil.

Tomados de la mano, Joe y Audrey oraron juntos. Audrey tomó la decisión consciente en oración de perdonar a su compañera de casa, al pastor y a todos los que la habían hecho sentir tan mal. Cuando abrió los ojos, le sonrió a Joe. Él no estaba sonriendo. Se veía muy serio.

Audrey examinó su rostro, en su frente estaba grabada su preocupación. Entonces, vio su mano extendida. Allí, en una pequeña caja había un anillo resplandeciente.

—¿Te quieres casar conmigo? —le preguntó Joe.

—¡Sí! —exclamó Audrey casi quitándole el anillo de su mano—. ¡Ay, sí... sí, me casaré!

Joe y Audrey se casaron poco después y decidieron asistir a otra iglesia que tenía un buen estudio para parejas de casados. No habían ido por mucho tiempo cuando Audrey recibió una llamada funesta de su antigua compañera de casa.

En cuanto Audrey dijo hola, una serie de acusaciones conocidas salieron por el auricular.

—¿Dónde has estado? Tienes que volver y responder a los cargos en tu contra.

La compañera le lanzó una cosa odiosa tras otra.

Muy tranquilamente, Audrey dijo:

—Tú y yo sabemos que esos cargos son infundados —le dijo Audrey con mucha tranquilidad—. La persona que me acusó me llamó la semana pasada y me pidió perdón. La perdoné al igual que ya te perdoné a ti.

La compañera de casa comenzó a llorar. La acusación cambió de dirección.

—¿Por qué no me detuviste? —le preguntó—. Tenías que haberme reprendido.

—En lugar de eso oré —respondió Audrey—. Sabía que Dios podía entrar en ti y no yo. Dios está tratando de entrar en ti ahora mismo. Y te perdono.

Audrey colgó el teléfono. Sí, había perdonado a la iglesia. Y tuvo que tomar la decisión consciente de volver a perdonar a los demás. Cuando lo hizo, no hubo una liberación inmediata. Audrey descubrió que tenía que ocuparse de esto al decidir perdonarlo todo de nuevo siempre que pensara en algo de eso. Su decisión de perdonar se mantuvo firme.

En lugar de estancarse en la falta de perdón, Audrey pudo desarrollarse y ser una mujer más agradable con la experiencia.

Tiene un ministerio maravilloso con mujeres jóvenes y puede impartirles un profundo conocimiento para sus batallas y problemas, así como el amor, la gracia y el perdón de Jesús.

Nunca es fácil que te difamen, analicen y te juzguen mal. Sin embargo, parece que es peor cuando llega de personas que se supone que actúen con gracia y que representen a Jesús. La liberación total de Audrey llegó cuando por fin pudo separar la actitud de su compañera de casa del corazón de Jesús hacia ella.

Si batallas con alguien en la iglesia que ha difamado de tu carácter, debes separar sus acciones de Jesús. Una gran manera de hacerlo es volviendo a leer los Evangelios y observar la gran ternura de Jesús con la gente. En especial, me encanta la historia de la mujer en el pozo de Juan 4, así como la historia de la mujer sorprendida en adulterio en Juan 8. Estas mujeres eran pecadoras con todas las de la ley, pero el Señor fue bondadoso y misericordioso con ellas. Él les ofreció esperanza a esas mujeres y no las condenó.

Las consecuencias del agotamiento

Hubo una época en la que colapsé con lágrimas en nuestro pórtico de atrás. Todo lo que pareció que pude decir fue: «Aprendiz de mucho, maestra de nada». Así me sentía con exactitud. Hacía cien cosas en la iglesia y en casa, y me sentía ineficiente por completo en cada aspecto de mi vida.

¿Has experimentado ese colapso? En el clímax de ese desgaste está la carga de sentirse responsable en exceso por la gente y las tareas de la iglesia. Creo que así se sintió Marta. Su historia aparece en Lucas 10. Mientras Marta se movía con afán haciendo los preparativos para hospedar a Jesús, su hermana María estaba sentada a los pies de Jesús y lo escuchaba. Marta se agitaba cada vez más al pensar en María disfrutando de la compañía de Jesús, mientras que ella tenía que hacer todo el trabajo. Después de inquietarse por eso durante un rato, Marta le dijo a Jesús lo que sentía. Ya no era solo culpa de María, sino también de Jesús por permitir que María se sentara a sus pies, en tanto que Marta trabajaba como una esclava. ¿Puedes percibir esta acusación en su discurso a Jesús?: «Señor, ¿no te importa que mi hermana me deje trabajar sola?». Esa transferencia de enojo es justo lo que pasa en la iglesia.

La falta de perdón hacia la iglesia podría comenzar con sentirse cargada en exceso de responsabilidad. Junto con ese sentimiento está una sensación de aislamiento. Ninguna otra persona ayuda ni se siente tan comprometida con las responsabilidades de la iglesia. Cuando gastas todas tus energías y trabajas sola, es fácil adquirir el Complejo de Marta.

Me he preguntado si su proceso de pensamiento fue algo así: «Aquí estoy yo trabajando sola, lavando los platos, limpiando la cocina, amasando el pan y preparando el cordero, mientras María se sienta a los pies de Jesús. Ella debería estar aquí ayudándome. Me encantaría sentarme a los pies de Jesús, ¿pero quién cocinaría si me voy ahí? Tal vez si hiciera sonar las ollas lo bastante fuerte, captaría la insinuación y venga. Ah. Quizá las suene más fuerte y le añada unos suspiros ruidosos. ¿Qué? Todavía está allí sentada. ¿Por qué Jesús la deja que se siente allí? Él debe saber que estoy sola aquí haciendo todo el trabajo. ¿Por qué no le dice que venga a ayudarme? Tal vez la quiera más a ella. Es posible que yo no le importe».

Muchas veces el resentimiento acompaña al agotamiento. Lo hizo con Marta. Su sentido de agotamiento hizo que se molestara con Jesús. Lo mismo sucede en la iglesia. La gente que no se valora, que trabaja demasiado y que está aislada se resiente a menudo con el cuerpo de Jesús, la iglesia.

Eso le pasó a mi amiga Brenda. Al principio, estaba contentísima de ser parte de todas las actividades de la iglesia. Le encantaba sentirse como una colaboradora para el bienestar de la iglesia.

Llegó a estar muy cerca de Patty, la esposa del pastor, que comenzó a apoyarse en ella para varias tareas y servicios. Brenda utilizó toda su creatividad, energía y tiempo para hacer cualquier cosa que le pidiera la esposa del pastor. Con frecuencia, Brenda descuidaba a su familia para ayudar a Patty.

Con el tiempo, Patty involucró a Brenda en sus secretos. Murmuraba de otros miembros y le advertía a Brenda para que no se asociara con ellos. Eso hizo que Brenda sintiera mucha más presión para ayudar a la esposa del pastor en lo que necesitara. A medida que Brenda seguía presionándose, observaba que nada complacía a Patty. Brenda lo intentaba con más ahínco, pero sus esfuerzos nunca eran suficientes.

Pronto Brenda quedó exhausta. Se encontró del todo excluida por Patty cuando le expresaba su necesidad de un descanso. Las llamadas de la secretaria de la iglesia continuaron para que trabajara, pero Patty se negaba a reconocer la presencia de Brenda, incluso cuando estaban en la misma habitación.

Cuando el resentimiento de Brenda se desarrolló en su corazón, renunció a todo el ministerio y dejó de ir a la iglesia por completo. No mucho después, recibió una carta por correo de la junta de mujeres. Allí la esposa del pastor resumía los fracasos y las deficiencias de Brenda. Ahora Brenda no solo estaba enojada con la esposa del pastor, ¡estaba enojada con la iglesia! La iglesia era la que la dejó trabajar sola. La iglesia era la que la desairaba. La iglesia era la que le exigía demasiado de su tiempo. La iglesia era la que le señalaba todas sus deficiencias.

Unos meses después, Dave, el esposo de Brenda, recibió un traslado de trabajo al otro lado del estado. Dave no tardó mucho en encontrar otra iglesia. Estaba ansioso de que le acompañara su familia. Pasaba domingo tras domingo y Brenda todavía no estaba lista para ir a la iglesia. Responsabilizaba a todas las iglesias por las acciones de Patty. Ya no estaba segura de poder confiar en una iglesia.

Cada domingo, Dave y los chicos le pedían a Brenda que los acompañara. Al final, Brenda se ablandó y decidió asistir. El mensaje del sermón le habló y le encantó el tiempo de adoración.

Ah, cuánto había extrañado la iglesia. Algunas mujeres de la congregación la saludaron y la invitaron al estudio semanal de mujeres. «¡De ninguna manera!», pensó Brenda. «¡Nunca más!» Aunque su corazón anhelaba amigas en las que pudiera confiar, con las que reírse y tener compañerismo, se negó a participar.

Un día, Brenda despertó a la realidad de que había estado permitiendo que la esposa del pastor la tuviera cautiva. Su soledad se debía al temor de que encontraría otra Patty en esa iglesia, pero con vestido y rostro distintos. Brenda derramó sus temores a Dios en oración.

Con inquietud, Brenda comenzó a tomar un papel activo en el ministerio de mujeres de su nueva iglesia. Llegó a ser muy amiga de una piadosa mujer mayor en la congregación. La mujer animó a Brenda a que fuera a un retiro con ella. En la tranquilidad de su habitación el viernes por la noche, Brenda, con lágrimas corriéndoles por las mejillas, le contó todo a la mujer. Ella escuchó con empatía. Cuando Brenda terminó, la mujer le preguntó:

—Entonces, ¿ya perdonaste a Patty y a la iglesia?

—¿Perdonarla? —preguntó. El perdón tenía un concepto que Brenda ni siquiera había considerado.

—Sí. Perdonar —le dijo y le explicó los peligros de aferrarse a amarguras, rencores y dolor—. Tienes que perdonar a fin de que seas libre para servir al Señor con gozo de nuevo.

Sin más ni más, Brenda entendió. Esa noche decidió perdonar. No fue una decisión fácil. Brenda se dio cuenta de que, al igual que Marta, se había afanado demasiado por muchas cosas. Había culpado a Jesús por la indiferencia y la crueldad de Patty. Brenda se dio cuenta de la importancia de sentarse a los pies de Jesús y de aprender lo que Él, y no otros, quería de ella.

Desde entonces, Brenda ha aprendido algunos límites importantes que le permiten pasar tiempo con Jesús y ser voluntaria en ministerios selectos.

Cuando el problema en la iglesia eres tú

Muchas personas tienen la idea errónea de que la iglesia es demasiado buena para ellas. En efecto, temen que no sean lo bastante buenas para estar alrededor de otros. La iglesia les molesta porque están convencidas de que la iglesia está allí para juzgarlas o descalificarlas. Buscan una excusa para irse o para mantener falta de perdón hacia la iglesia. Ese quizá fuera el caso de Tasha.

A diferencia de Brenda, a Tasha no la trató mal la esposa del pastor. ¡Ella *era* la esposa del pastor! Tasha sabía que tenía problemas. No puedes crecer en un entorno como el suyo y no dar muestras de algunos de los efectos residuales de vez en cuando. Tal vez Tasha debió haber tenido más tiempo para sanar antes de servir al lado de su esposo, o tal vez todo lo que soportó fuera necesario para obligarla a crecer.

Decir que Tasha era incomprendida es una subestimación. Tasha tenía un problema de ira. Podía estallar por cosas triviales. Muchas veces ventilaba su ira en la persona desafortunada que se encontraba más cerca de ella.

La ira no era su único problema. También batallaba con episodios frecuentes de depresión. Se apartaba, se negaba a hablar o se ponía malhumorada cuando se le presentaban algunos incidentes.

Justo cuando luchaba con sus batallas internas, crecía espiritualmente. Leía su Biblia con voracidad. Dios le daba impresionantes estudios bíblicos que ella les daba a las mujeres bajo su cuidado. Era apasionante en cuanto a Dios y una evangelista innata.

Las otras mujeres en el liderazgo no sabían qué hacer con Tasha, ¿Cómo podía ser tan dinámica y a la vez tan problemática? Enviaron a sus esposos para que hablaran con su esposo, Steve. Él sabía que Tasha tenía problemas, pero podía ver mucho crecimiento en ella. Amaba mucho a su esposa. Quería protegerla y proveerle una atmósfera donde pudiera prosperar espiritualmente.

Muchos de los problemas de Tasha surgieron de una profunda desconfianza en la gente. Estaba aprendiendo a confiar por completo y a encomendarse a Dios. Steve temía que cualquier enfrentamiento retrasara a Tasha.

Los otros líderes no lo veían de esa forma. Planificaron una intervención. Llevaron a Tasha a una habitación y uno por uno le manifestó sus preocupaciones por su comportamiento. Tal como Steve pensaba, Tasha estaba destrozada. La intervención acentuó todos los sentimientos de desconfianza con los que lidiaba Tasha. Se enojó mucho más.

El liderazgo probó con la intervención, la confrontación, la consejería y todo con lo demás que pudieron pensar. A Tasha le molestaba todo. Le era difícil trabajar con los que la enfrentaron. En especial, ahora que sabía cómo se sentían en realidad en cuanto a ella.

Tasha era desdichada. Detestaba su temperamento tanto como cualquiera. Su depresión la aterraba. Quería ser feliz como los otros creyentes. Comenzó a orar. Tanto como no quería reconocerlo, la esencia de lo que el liderazgo decía era cierto. Tal vez no lo hicieran de la manera apropiada, pero trataban de ayudarla. En ese momento, decidió perdonarlos. Cuando perdonó, se sintió más libre de lo que se había sentido en meses.

Tasha comenzó a lidiar con su ira y su depresión. Se las presentó al Señor y le pidió su ayuda. Comenzó a descubrir otros aspectos de hostilidad oculta en su corazón. Se hizo el hábito de confesarlos uno por uno y de decidir perdonar cada ofensa que le llegara a su mente.

La ira de Tasha pronto se aquietó. La depresión también empezó a menguar. Se dio cuenta de que el perdón era la llave a su recién descubierta libertad.

Ahora, al hablar con Tasha, uno nunca sabría que alguna vez sufriera de severos ataques de ira y depresión. Es difícil imaginar que pudiera ser otra persona que no fuera la mujer feliz que es hoy en día.

No te engañes

Tal vez tuvieras una mala experiencia en la iglesia. No dejes que esa experiencia te robe la bendición de la comunidad de la iglesia. Jesús quiere que seas parte de su grandiosa y gran iglesia. Si has tenido una mala experiencia con la iglesia, he aquí siete maneras en las que puedes seguir adelante.

1. Reconoce la fuente del problema, ya sea una persona o una situación.
2. Decide perdonar a las personas que te han hecho daño.
3. Busca una iglesia que sea adecuada para ti.
4. Pon límites saludables cuando se trata del trabajo voluntario.
5. Ten la disposición de reconocer tus contribuciones a los problemas.
6. Ora por tu pastor y los demás líderes de la iglesia.
7. Ora por los miembros de tu iglesia.

No podemos controlar cómo se comportan los demás en la iglesia, pero podemos orar para que seamos más semejantes a Jesús. Podemos usar sus acciones para impulsarnos y acercarnos a Jesús y ministrarles a otros su gracia.

En algunos casos, el Señor puede llamarte para que te quedes, te ocupes y ores por la situación de la iglesia. Otras veces, el Señor podría llamarte a asistir a una comunidad distinta, donde el liderazgo esté más en armonía con el evangelio. Cualquiera que sea el caso, el asunto importante es no culpar a la iglesia por los que te han lastimado. Recuerda, la iglesia es la creación de Jesús.

Cuando decides perdonar a los que te han hecho daño en la iglesia, te liberas a fin de estar disponible para ministrar donde Dios decida colocarte.

Preguntas para el estudio y la reflexión personal

1. Usa 1 Corintios 6:9-11 para destacar la condición de los que están en la iglesia.

2. Lee 1 Corintios 1:26-28 y haz un comentario sobre los escogidos por Dios.

3. A partir de 1 Pedro 2:9-10, describe la condición transformada de la iglesia.

4. ¿Qué te enseña el pasaje de 1 Pedro en cuanto a la gente que está en tu iglesia?

5. ¿Cómo crees que una perspectiva bíblica de los miembros de la iglesia te ayudará a «perdonar» a la iglesia?

6. Reflexiona en los atributos del liderazgo de la iglesia de 1 Timoteo 3:1-7.

7. Escribe una oración personal por el liderazgo de la iglesia.

Oración

Querido Señor:

Tú eres misericordioso, bondadoso y perdonador.
Es muy difícil cuando la gente de la iglesia y del
liderazgo de la iglesia no actúa como tú. Admito
que me he enojado con tu iglesia. Por favor,
perdóname para que pueda perdonar a otros. Sé
que tú amas a los de tu iglesia, incluso como me
amas a mí con todas mis imperfecciones. Ayúdame
a perdonar y a amar a tus hijos. Guíame y hazme
una bendición para tu iglesia en la tierra.
En el nombre de Jesús, amén.

Capítulo 11

EL PODER DE LA DISCULPA

Se me había olvidado el incidente. A decir verdad, había decidido olvidarlo apenas unas horas después de enterarme. Alguien, que yo quería y que consideraba mi amigo, dijo algo denigrante de mí. Me afectó.

Unos días después, me topé con él en la tienda. Tuvimos una amigable conversación corta. Mientras salía por la puerta, agregué: «Oye, Vince, ¿por qué le dijiste a Nathan que yo hablé más de la cuenta de Jane?». Entonces me fui; nunca vi su reacción.

Mi amigo Vince se fue directo a la oficina de Brian, mi esposo. Se disculpó de manera efusiva por lo que dijo y le pidió a Brian que me dijera cuánto lo sentía. Brian lo hizo, y yo dejé que pasara todo el asunto.

Dos años después, estaba en un funeral cuando vi a Vince. Estábamos en una conversación maravillosa juntos, mientras traíamos a la memoria recuerdos de la niñez que compartimos. Cuando aflojó la conversación, Vince hizo una pausa.

—Oye —dijo, y su tono de repente se puso serio—. Quiero decir que lo siento por haber dicho alguna vez que hablaste más de la cuenta.

—Lo dejé a un lado hace mucho tiempo —le respondí con sinceridad.

—Sin embargo, solo quería decir que lo siento de verdad —dijo Vince con firmeza. Entonces se fue.

Me quedé viéndolo. Algo poderoso acababa de llevarse a cabo. Sí, hacía mucho tiempo que lo perdoné. No le guardaba ningún rencor. Aun así, la disculpa revolvió algo profundo y tierno en mi corazón. Lo quise aun más por eso. Él, un líder cívico y hombre de negocios de éxito, se humilló. Admitió que se equivocó con lo que dijo. Se disculpó por los sentimientos que expresó. Lo hizo con sinceridad. ¡Fue asombroso en verdad!

Su disculpa me hizo pensar en el poder de una disculpa. En los otros capítulos nos concentramos en el papel de la persona que tiene la razón y a quien se le ha deshonrado. Sin embargo, ¿qué me dices de la persona que se equivocó?

Parece que ahora el disculparse pierde su ímpetu en nuestra sociedad. La mayoría de la gente se enorgullece de tener la razón. Cuando se les sorprende en su error, ¡se justifican, se excusan, lo niegan o culpan a otro por lo que hicieron!

Los que posponen el perdón hasta que reciban una disculpa nunca tienen la oportunidad de perdonar. Se quedan con una molesta carga de resentimiento.

Cuando tienes que decir que lo sientes

¡Él se negó de manera absoluta y terminante! No quería disculparse. Apretó sus labios para que no se le escaparan las palabras. Ninguna cantidad de persuasión de su madre y de su padre lo haría disculparse. Cuando sus labios comenzaron a aflojarse, sus padres se sintieron esperanzados. Ninguna disculpa se aproximaba. En su lugar, Warren gritó, vociferó y criticó las injusticias de la vida por más de una hora. Aunque Warren solo tenía tres años en ese entonces, ya había adquirido el comportamiento de la mayoría de los adultos.

¿Por qué es tan difícil expresar las palabras «me equivoqué»? La mayoría de los días no es difícil, sobre todo si en realidad tienes la razón. En cambio, para una disculpa sincera se requiere del reconocimiento de que fallaste y que no tienes la capacidad de corregirlo.

Podrías preguntarte: «¿Por qué es tan difícil aceptar mis defectos?». Creo que la respuesta es que cuando nos damos cuenta de que somos falibles, comenzamos a dudar de nuestra capacidad de alguna vez tener la razón.

Sin embargo, tener la razón es la excepción más grande. La mayor parte del tiempo nos equivocamos. Cuando nos damos cuenta de que no somos infalibles, estamos listos para comenzar un nuevo patrón maravilloso de decir que lo sentimos y de darlo a entender.

Otra ayuda para liberar el bienaventurado hábito de disculparnos es el reconocimiento de que todos nos equivocamos a veces. No estamos solos en nuestra insensatez. El rey Salomón dijo una vez: «Pues no hay nadie que no peque» (2 Crónicas 6:36). De nuevo, para citar a Alexander Pope, «errar es humano». Todos nos equivocamos algunas veces.

Uno de los aspectos más grandiosos de la maternidad es la humildad que implica. Con frecuencia, los errores que cometí al criar a mis hijos son material para la risa familiar. La risa no es a expensas mías, sino que tiene mi aprobación. Me siento muy aliviada de que ellos decidieran reírse de mi insensatez, de que aceptaran mis profundas disculpas y caminaran con perdón hacia su madre. ¡Qué alivio!

¿Qué más está al acecho en la base de nuestra renuencia a disculparnos? Muchas veces puede ser el temor. ¿Qué pasará si admito que me equivoqué? ¿Se usará en mi contra? ¿Me excluirán?

Seguro que hay algunas personas que toman las disculpas como la oportunidad de reprochar y de sentirse superiores, pero ese es su problema. ¡Nosotros no queremos perder la increíble liberación que implica una disculpa solo por unas cuantas personas cascarrabias!

La razón más grande por la que detestamos decir «lo siento» es el orgullo. No quiero que alguien piense menos de mí. Si los demás se dan cuenta de que me equivoqué en esta ocasión, ¿volverán a confiar en mí otra vez? Una preocupación excesiva con la imagen que transmitimos a los demás impedirá que nos disculpemos.

En lugar de que una disculpa haga que la gente desconfíe de ti, una disculpa franca es más probable que haga que la gente confíe en ti. Si puedes ser así de sincera con tus propios fracasos, de seguro que serás sinceras en otros aspectos.

¿Ofendiste a alguien? ¿Por qué no te disculpas? Una vez que te disculpas, la pelota está en su campo. Si se niegan a perdonarte, regálales este libro. Si deciden perdonarte, cierras con éxito ese capítulo doloroso de tu vida.

Una disculpa no significa que tengas que ser la mejor amiga de la persona que ofendiste. Tampoco significa que les permitas que dominen tu vida. Una disculpa no le da al ofendido el derecho de criticarte, de humillarte, ni de guardar nada en tu contra. Les das la oportunidad de perdonar y liberar.

La historia de Tammy

En su trabajo como supervisora en una compañía, Tammy trabajaba a menudo con una mujer en particular. Se llevaban bien, pero un día tuvieron un desacuerdo inusual. El conflicto entre ellas ascendió y se intercambiaron palabras ásperas.

En su mente, Tammy justificaba sus acciones. Una y otra vez repetía la escena, y siempre se representaba como la víctima, así como la heroína. Aun así, Tammy sentía un dolor en la boca del estómago. Sabía que no sería lo mejor para la compañía, ni para su continua relación de trabajo con esta mujer, permitir que se mantuviera la tensión. Además, Tammy y su compañera eran cristianas, y sabía que no les estaban dando un gran ejemplo a los demás.

Tammy quería arreglar las cosas, pero cada vez que recordaba las palabras desagradables, la ira fluía en ella otra vez y dominaba todas sus intenciones de arreglar las cosas. Empezó a orar, pidiéndole la ayuda a Dios. Pasaron varios días antes de que Tammy por fin recibiera una respuesta, pero no era la respuesta que quería oír. El Señor le habló a Tammy y le dijo que fuera a disculparse con su compañera. Dios le recalcó a Tammy en su corazón que le pidiera perdón a su compañera por las cosas ásperas que le dijo.

Tammy esperó una confirmación. Una disculpa no sería algo fácil de ofrecer. A la siguiente semana, más o menos, cada vez que Tammy abría su Biblia, allí ante sus ojos había pasajes acerca del amor, del perdón y de la obediencia. Tammy sabía lo que tenía que hacer. Se tragó su orgullo y llamó a su compañera para fijar una cita. La mujer accedió a juntarse con ella.

Mientras más se acercaba la cita, más podía sentir Tammy que su corazón latía con fuerza. Al entrar al salón donde se encontrarían, Tammy pudo sentir que sus manos se ponían frías y húmedas. Tammy no tenía idea de cómo respondería su compañera. Solo sabía lo que tenía que hacer.

La mujer, al ver entrar a Tammy, se levantó y caminó con furia hacia ella. Antes de que la mujer dijera una palabra, Tammy impulsivamente abrazó a su compañera. «Por favor, perdóname; fue mi culpa. No quiero perder tu amistad ni tu respeto. Lo siento mucho».

La mujer se ablandó en los brazos de Tammy. Hasta este día, recordar ese momento le ocasiona lágrimas a Tammy. Una bella amistad se inició con su disculpa. Las dos mujeres siguieron trabajando juntas, colaborando en muchos proyectos exitosos. Incluso ahora, años después que se jubilaran las dos, son buenas amigas.

Tammy me habló de la valiosa lección que aprendió a través de esa situación. «Lo que el enemigo intenta que sea para mal, el Señor puede transformarlo y usarlo para bien, si se lo entregamos a Él. Dios espera hasta que estemos dispuestas a dar el primer paso, antes de ayudarnos con el siguiente». Cuando Tammy dio el primer paso para obedecer a Dios y disculparse, Él le dio la fortaleza para llevar a cabo su decisión.

La historia de Emma

Los teléfonos celulares son tanto una bendición como una maldición. Es grandioso mantenernos en comunicación constante con los que amamos. También es una bendición poder contactar a alguien y que se nos contacte cuando sea necesario. Sin embargo, hay veces en que los teléfonos celulares son demasiado accesibles.

Eso le ocurrió a Emma. Había acogido a Doug y a Celia y los trataba como a sus propios hijos. Venían a su casa. Cenaban con su familia. Incluso la hermana de Doug, Suzie, era la mejor amiga de la hija de Emma, Rachel. Todo iba muy bien hasta que Emma se enteró que Doug iba a tener una fiesta de cumpleaños. Él no la había invitado a ella ni a su hija.

Emma entendía por qué no la invitaría. Era una figura maternal en la vida de Doug, y esta fiesta era para gente joven. Sin embargo, ¿qué de Rachel? ¿Por qué no la había invitado?

Sin pensarlo, Emma tomó su teléfono celular y tecleó un mensaje enfurecido para Doug. Era totalmente poco característico que Emma hiciera o dijera algo así. Apenas unos minutos después que presionó el botón de «enviar», lamentó lo escrito. Volvió a leer el mensaje. «¡Ay!», pensó.

Doug no le respondió. Tampoco volvió a venir. Pasó una semana y no había información de Doug. Emma le escribió a Doug pidiéndole una respuesta. Su única respuesta fue un distante: «Espero que estés mejor». Emma estaba destrozada. Esperaba más del joven que había llegado a ser como un hijo para ella.

Emma llamó a una amiga y le explicó la situación. «No sé qué hacer», le dijo llorando por el teléfono celular que siempre está disponible.

«Sí, lo sabes», le dijo su amiga. «¿Por qué no tratas de enviarle un mensaje de texto disculpándote? Ya que este asunto estalló por un mensaje de texto, creo que otro mensaje de texto sería una buena manera de arreglarlo».

Emma hizo justo eso. Tecleó una sincera disculpa para Doug. Su respuesta emocionó el corazón de Emma. Doug ha vuelto a visitar la casa de Emma. Está aprendiendo a demostrar un poco más de sensibilidad, y Emma ha aprendido el poder de una disculpa.

La historia de Debbie

Debbie se estremece con el recuerdo de la vez en que casi pierde a su mejor amiga. En realidad, fue algo insignificante. Debbie y Terry eran muy buenas amigas. Sus hijos jugaban juntos. Sus familias compartían comidas. Las dos mujeres se confiaban la una a la otra sus alegrías y aflicciones. Entonces, algo cambió cuando el Señor comenzó a usar a Terry y a su esposo. En lugar de alegrarse por ellos, Debbie se dio cuenta de que le molestaba. Terry ya no tenía tanto tiempo para Debbie.

Pronto las cosas que Terry hacía o decía comenzaron a molestarle a Debbie. Dejó de querer estar con Terry de cualquier modo. Terry pudo percibir la molestia de Debbie. Era evidente que las cosas entre ellas se pusieron incómodas. Había tanta tensión, que por dos meses no se hablaron en absoluto.

Por mucho que Debbie tratara de justificar sus sentimientos, se sentía desdichada. Sabía que había sacrificado algo muy precioso por ninguna razón lógica. Debbie comenzó a orar y a pedirle al Señor que quitara los sentimientos «horribles» que había en su corazón. Mientras oraba, el Señor le habló a su corazón y le dijo: «Debbie, humíllate, llama a Terry, y pídele perdón por la manera en que has estado actuando».

Debbie tenía miedo. «Señor, si en realidad eres tú, dame la fortaleza de llamar y de disculparme», dijo en oración. Nada más Debbie decir «amén», sintió una urgencia irresistible de llamar a Terry y arreglar las cosas.

Debbie marcó el número de su amiga. En cuanto Debbie oyó el saludo de Terry, se lanzó. «Terry, siento mucho la manera en que me he estado comportando. ¿Podrías perdonarme, por favor? ¡Te quiero mucho y estoy muy arrepentida!

Sin vacilar, Terry casi le grita la respuesta por el teléfono:

«¡Yo también te quiero mucho!».

Debbie aprendió que el perdón es un acto de humildad que solo Dios puede crear en nosotros. Pedir perdón implica morir a nosotros mismos. Implica confiar en Dios por completo y poner tu reputación en sus manos.

Incluso, cuando tenemos que tomar la decisión de perdonar, la disculpa es una decisión también. Una vez que tomamos esa decisión, necesitamos orar y pedirle a Dios la fortaleza para llevar a cabo esa resolución. De la gente depende su respuesta. Nuestra aceptación del error nos pone a cuentas con nuestro Padre celestial. Él arreglará todos los demás detalles.

Las disculpas pueden cambiar los corazones

Si unas personas tenían que disculparse con alguien, de seguro que eran los amigos de Job.

Job era un hombre recto. Satanás, el adversario de Dios, lo odiaba porque Dios se complacía en él. Satanás trató de hacer muy desdichada la vida de Job para que maldijera a Dios.

Aunque Satanás atacó a Job con el asesinato de sus hijos, la pérdida de su riqueza y el terrible sufrimiento físico, Job se negó a maldecir a Dios. Durante la época de sufrimiento de Job, sus amigos vinieron a consolarlo. Cuando vieron a Job, casi no podían reconocerlo en su profundo estado de sufrimiento. Se sentaron a su lado y lloraron. Durante siete días no pudieron hablar. ¡Si al menos se hubieran quedado callados! Porque cuando al fin comenzaron a hablar, culparon a Job por su condición. De manera errónea llegaron a la conclusión de que Job tenía pecados ocultos por los que Dios lo castigaba.

Sus amigos deprimieron tanto a Job que dijo: «¡Valiente consuelo el de todos ustedes!» (Job 16:2, NVI®). Si Job se sentía mal antes de que llegaran, se sintió peor con su presencia. Después de soportar días de acusaciones, insinuaciones y condenación, Dios entró a la conversación y defendió a su siervo Job. Sin embargo, la experiencia dura no había terminado. Dios les pidió que le dieran a Job siete novillos y siete carneros «para no hacer con vosotros conforme a vuestra insensatez, porque no habéis hablado de mí lo que es recto, como mi siervo Job» (Job 42:8, LBLA).

Dios restauró las pérdidas de Job después que Job oró por sus amigos. En otras palabras, Job fue restaurado solo después que aceptó la disculpa de sus amigos.

En Mateo 5:23-24, Jesús dijo: «Si traes tu ofrenda al altar, y allí te acuerdas de que tu hermano tiene algo contra ti, deja allí tu ofrenda delante del altar, y ve y reconcíliate primero con tu hermano, y después de eso vuelve y presenta tu ofrenda».

Una disculpa puede ser algo poderoso. Negarse a pedir disculpas puede interferir con nuestro servicio a Jesús. ¿Hay alguien a quien necesites presentarle una disculpa? ¿Por qué no orar ahora mismo y pedirle a Dios que te dé la fortaleza para humillarte, ir a buscarlo o escribirle para decirle que lo sientes? Nunca sabes cómo Dios podría usar de manera poderosa esa disculpa en su vida.

Cuando Vince se disculpó conmigo, algo se movió con mucho poder en mí. Lo amé más por eso. Mi respeto por él creció en gran medida. No me pude resistir a perdonarlo. Cuando avanzamos y nos disculpamos con la gente a la que queremos, nos liberamos de la falta de perdón y permitimos que crezca la relación.

Preguntas para el estudio y la reflexión personal

1. Lee Mateo 5:23-24 y haz un resumen de las instrucciones de Jesús.

2. Mateo 7:12 dice: «Así que, todo lo que quieran que la gente haga con ustedes, eso mismo hagan ustedes con ellos». Con esto en mente, escribe la disculpa que te gustaría recibir de alguien que te haya ofendido.

3. ¿Qué impidió que te disculparas?

4. Recuerda la ocasión en que alguien se disculpó contigo. ¿Cómo te hizo sentir? ¿Cómo respondiste?

5. Describe alguna ocasión en la que hubieras tenido que disculparte con otra persona. Incluye tus sentimientos de ese entonces y lo que ocurrió cuando decidiste o no decidiste disculparte.

6. Alguien dijo una vez: «El crecimiento espiritual puede medirse con el tiempo que tardas en disculparte desde el momento en que te das cuenta de que estás equivocado». Escribe una oración pidiéndole a Dios que te ayude a estar más dispuesta a admitir tu error y a disculparte por eso.

Oración

Querido Señor:

Ayúdame a apoyarme en ti para tener fortaleza
a medida que confío en tu dirección cuando
tenga que disculparme. Libérame de un corazón
endurecido y del orgullo, a fin de que pueda
avanzar y pedir perdón cuando tenga que
hacerlo, y también extender perdón a quien me
lo pida. Muéstrame las relaciones de mi vida que
se enriquecerían con el regalo de una disculpa.
Y cuando no quiera hacerlo, Señor, que siempre
recuerde tu perdón y cómo eso me ha transformado
a mí y mis circunstancias. Gracias, Jesús, por
aceptar ya mis disculpas y por perdonarme.
En el nombre de Jesús, amén.

Capítulo 12

EL PERDÓN CONSTANTE

Tomar la decisión de perdonar no es una proposición de una sola vez en la vida. Cada día tiene muchas oportunidades para ejercer el perdón. Por ejemplo, siempre que entro al auto y conduzco a cualquier parte, se me dan muchas oportunidades para perdonar.

Perdono al hombre que se me interpuso en la vía sin avisarme.

Perdono a la persona que conduce demasiado cerca de mí.

Perdono a la persona que se pasó el semáforo en rojo.

Perdono a la persona que casi me golpea de lado.

Perdono a las cinco personas que no me dejan detenerme al costado de la carretera.

Perdono a la dama que sonó la bocina cuando traté de incorporarme.

Mientras más decidimos perdonar y no sentirnos ofendidas, más fácil es optar por el perdón la próxima vez que encontremos una oportunidad. Mientras más ejerzamos el acto del perdón, más libertad experimentaremos.

Se requiere de menos esfuerzo para perdonar en algunas situaciones que en otras. Cuando no tengo que ver con regularidad a la persona que me ofendió, perdono más fácilmente.

Cuando los límites o la distancia van detrás de la decisión de perdonar, puede ser más fácil perdonar tanto la ofensa como al ofensor. Cuando puedo ver un cambio genuino en la persona que perdoné, se fortalece la decisión de perdonar. En cambio, si la persona a la que decido perdonar vive en los alrededores y sigue actuando de manera ofensiva, me veo tentada a volver a una actitud de falta de perdón.

La proximidad y la naturaleza del ofensor no niegan la necesidad de decidir perdonar. Sin embargo, intensifica la necesidad de orar y de recibir la fortaleza divina para perdonar. No importa cuáles sean las condiciones, aferrarse a la falta de perdón nunca es la decisión adecuada. Te dejará con una atadura mayor con el ofensor y ocasionará estragos en tu vida.

Hace años vi a una chica testificar en un juicio en contra de un hombre que la agredió y la violó. Había otras víctimas jóvenes, pero se negaron a comparecer ante el tribunal. El testimonio fuerte y audaz de esta valiente chica convenció al jurado de la culpabilidad del violador y envió a un criminal peligroso a la cárcel. Más tarde, cuando le preguntaron por qué accedió a pasar al frente, dijo: «Él pudo hacer que una hora de mi vida fuera desdichada. Yo estaba decidida a no darle más tiempo del que ya me quitó».

Esa chica tenía razón. No estaba dispuesta a dejar que el ofensor le robara nada más de lo robado. Se negó a permitir que él tuviera su gozo, su calidad de vida y cualquier otro de sus pensamientos. Incluso, si tu ofensor vive en tus alrededores, hasta en tu casa, al decidir perdonar, Dios puede restaurar tu gozo, tu calidad de vida y tus pensamientos. El perdón le quita el control de tu vida al ofensor y se lo entrega a Dios.

Las siguientes historias son de hombres y mujeres que tomaron la decisión de perdonar a alguien muy cercano a ellos. Los desafiaron durante el tiempo en que les ocasionaron las heridas emocionales o físicas, y los siguen desafiando cada día para continuar optando por el perdón. Han decidido aceptar el perdón como una acción constante. Su victoria en Jesús es evidente en su perspectiva, en sus corazones transformados y en su compromiso renovado cada día de ser perdonadores fieles.

Un papá difícil

Betsy creció andándose con cuidado alrededor de su papá. Su temperamento era conocido de siempre. Cualquier cosa lo provocaba. Parecía deleitarse en criticar a su esposa, a su hija, a sus hijos y a cualquiera que lo enojara. Con sus palabras crueles y personalidad dominante, podía hacer que la persona más fuerte temblara de miedo.

A Betsy le era más fácil evitarlo que tratar de apaciguarlo. Tenía expectativas muy altas de ella. En cuanto se graduó del instituto como estudiante del cuadro de honor, se fue lo más lejos posible de él. Betsy acabó viajando por todos los Estados Unidos, tratando de encontrarse a sí misma. Fue en la época de los *hippies*, del amor libre y de los alojamientos al alcance. Sus viajes la llevaron a una comunidad agrícola cristiana en la costa del pacífico. Conoció a un grupo de cristianos que la condujeron a Jesús. Era todo lo que Betsy siempre había querido.

Betsy se quedó en la comunidad hasta que su fe se estableció por completo. Luego, decidió que era hora de llevar el evangelio a casa, a sus padres y hermanos. Betsy no estaba segura de la acogida que tendría. Había dejado una casa en crisis.

Su regreso a casa fue mejor de lo que Betsy esperaba. Sus padres estaban muy contentos al verla sana y salva. Escucharon su testimonio con interés. Cuando Betsy estaba con sus padres, la observaban con atención para ver si su fe era genuina o no.

Días después que Betsy regresara a la costa del pacífico, su padre la llamó de larga distancia para darle una noticia emocionante. Tanto su madre como su padre le pidieron a Jesús que entrara a sus corazones. También se convirtieron en cristianos. La primera reacción de Betsy fue de una inmensa alegría.

Sin embargo, unas horas más tarde, tuvo que lidiar con algunos sentimientos con los que no había lidiado desde su conversión. Se dio cuenta de que todavía le afectaban los ataques de ira de su papá. ¿Serían distintas las cosas ahora que era cristiano?

Betsy decidió perdonarlo ese día y poner el pasado en el pasado.

Después que Betsy se casó, sus padres se mudaron a California para estar cerca de ella. Sin duda, el padre de Betsy era distinto, pero de vez en cuando surgía su vieja naturaleza. Era inevitable que cada vez que se juntaban, su papá terminara diciendo algo muy ofensivo. Su actitud y sus palabras todavía eran hirientes.

Betsy se dio cuenta de que necesitaba perdonar a su papá una y otra vez. Oró por una decisión mayor y el Señor la bendijo con la capacidad de ver a su papá a través de sus ojos. Aunque su papá no está transformado por completo, algún día, cuando esté en la presencia de Jesús, lo estará. Betsy pudo hacer borrón y cuenta nueva con su papá.

Al papá de Betsy le gusta estar cerca de su hija. Betsy todavía batalla a veces, pero al haber tomado la decisión de perdonar, ora y decide seguir por el camino hacia la victoria. Esa victoria le permite mantener una relación amorosa con sus padres.

Un esposo obstinado

Denise tuvo que aprender a practicar el perdón muy temprano en su matrimonio. Su esposo, Nick, le había prometido que el alcohol no sería parte de su vida juntos. Sin embargo, seis meses después de casados, el amigo de Nick llevó a su casa unas bebidas a base de vino para celebrar. Denise pasó por alto el incidente, pensando que nunca más volvería a ocurrir. En cambio, se equivocó.

Pronto, Nick comenzó lo que se llama un patrón alcohólico de temporada o cíclico. Bebía por una temporada, luego se daba cuenta de cuánto le afectaba a Denise y a los niños, y dejaba de hacerlo por algún tiempo. Más tarde, algo disparaba ese ciclo y Nick volvía a beber otra vez. A medida que el tiempo progresaba, también lo hacían la frecuencia y la intensidad de esos patrones.

A veces, Nick asistía a reuniones de Alcohólicos Anónimos y Denise buscaba ayuda de grupos de apoyo. Todos los asistentes, al igual que Denise, vivían con alcohólicos. A Denise le ayudaba saber que no estaba sola. Fue allí que aprendió del desprendimiento, que es un estado de no juzgar ni condenar a una persona, sino de separarse de los efectos adversos que el comportamiento de otra persona puedan tener en nuestra vida. Se suponía que tenía que desprenderse de la situación y de la persona que bebía. Le decían que eso la ayudaría a evitar sentir los efectos adversos de la bebida de Nick.

Ese concepto le gustaba a Denise. Sin embargo, se dio cuenta de que muchas mujeres del grupo hablaban de este concepto y afirmaban haberlo logrado, pero todavía destilaban ira y amargura. A decir verdad, Denise quería conservar su matrimonio y su gozo. Al final, se dio cuenta de que necesitaba que Dios obrara un milagro.

Denise comenzó a orar. Aunque no sentía ningún alivio inmediato, sabía que Dios la ayudaría. Su batalla con Nick no era «cómo» perdonarlo, sino «si» podría perdonarlo una vez más. Se preguntaba varias veces: «¿Cómo pudo hacerlo? ¿Por qué debo perdonarlo otra vez? ¿Por qué tengo que seguir pasando por esto?».

Denise se dio cuenta de que no estaba dispuesta a pedirle a Dios que la ayudara a pedirle perdón a Nick, pues estaba segura de que Él le daría la gracia de perdonar, ¡y ella no quería perdonarlo! Denise quería seguir enojada con Nick. ¡Estaba arruinando sus vidas!

Un día, a Nick lo arrestaron por conducir en estado de embriaguez. Su decisión de conducir bajo la influencia del alcohol resultó en la muerte de un hombre, y lo sentenciaron a ir a la cárcel. Con Nick encerrado y lejos del licor, Denise tuvo un poco de tiempo personal para sanar.

Durante el primer año de su encarcelamiento, Nick y Denise no tuvieron ningún contacto físico. Toda su comunicación era a través de una ventanilla de vidrio, cartas y llamadas telefónicas. Durante esa época comenzó el proceso difícil de las revelaciones completas. Nick confesó que no le fue fiel a Denise.

En el pasado, Denise se habría indignado, pero ahora, al ver a Nick con esa vestimenta de la cárcel, solo podía sentir lástima. Decidió perdonarlo.

Después que Nick estuviera en la cárcel por más de un año, le permitieron visitas familiares. Denise estaba preocupada en volver a tener contacto físico con Nick. Lloró cuando sostuvo la mano de Nick por primera vez en un año. Lloró por la inocencia y la pureza que se había perdido entre ellos. Decidió perdonarlo otra vez y oró por la decisión de borrar por completo la cuenta mental de sus transgresiones.

Desde entonces, a Nick lo liberaron de la cárcel y la decisión de Denise se pone a prueba. Aunque Nick dejó de beber y llegó a ser un esposo fiel, los recuerdos dolorosos siguen surgiendo en épocas inesperadas. Denise tiene que tomar la decisión consciente de perdonar en cada oportunidad. Dios está ayudando a Denise a estar alerta con estos pensamientos y llevarlos cautivos. Para inspirarse, se aferra a 1 Pedro 4:8: «Por sobre todas las cosas, ámense intensamente los unos a los otros, porque el amor cubre infinidad de pecados».

Cada día Denise tiene que tomar la decisión consciente de perdonar una vez más. No es una decisión fácil, pero es la única que le da cualquier esperanza constante de restauración y sanidad. Su matrimonio sigue sanando.

El arrendador y el Señor

Don trabajó como misionero muchos años en Europa oriental. Cuando fundó una iglesia en la aldea donde vivía, alquiló unas instalaciones de un hombre llamado Checu, que también era un hermano creyente. Sin embargo, las relaciones se pusieron tensas entre los dos hombres. Checu se preocupaba por su propiedad y no confiaba en los chicos que venían todos los días al pequeño grupo de creyentes. Muchos de ellos habían salido de circunstancias cuestionables y todavía pertenecían a grupos de *punk rock*.

Checu y Don discutieron y se separaron. Más adelante, a Don lo llamaron para que volviera a los Estados Unidos a fin de pastorear una iglesia. Después de algunos años, organizó un viaje misionero con algunos de los hombres de su iglesia para volver a Europa oriental, y ayudar en una conferencia cristiana durante la Semana Santa.

En la primera noche de alcance a la comunidad, Don y su grupo vieron que un grupo de jóvenes salía de un edificio cercano. Don empezó a conversar con ellos y se dio cuenta de que acababan de tener un grupo de comunión cristiana. Pronto, el pastor del grupo de jóvenes se unió a la conversación. Invitó a Don y a los hombres de los Estados Unidos a que fueran al servicio de Resurrección. Don y los hombres aceptaron.

Se reunieron con un gran grupo en un salón del segundo piso de una casa. Tenían construida una tumba grande y muy realista en el escenario. El grupo de alabanza se reunió delante de la tumba vacía y dirigió a la congregación en un momento conmovedor de adoración. Una docena de niños entró desde la parte de atrás del salón con disfraces y llegaron al frente para representar una obra de resurrección. Después, el pastor dio un mensaje fascinante. Su hija estaba sentada con el equipo, traduciendo en voz baja para que los estadounidenses pudieran ser parte del servicio.

Cuando el servicio terminó, todos comenzaron a apilar las sillas contra la pared a fin de tener espacio para un humeante café y comunión. Don se dispuso a salir a fin de ordenar sus ideas y respirar un poco de aire fresco. Cuando se dirigía hacia el salón de atrás, un hombre se le paró delante y le obstaculizó la salida. ¡Era Checu!

«¿Te acuerdas de mí?», preguntó mirando a Don directamente a los ojos. Por supuesto que Don se acordaba de él. Checu había sido el sujeto de muchas oraciones acaloradas que Don había hecho con el paso de los años.

Tan incómoda como fue el enfrentamiento, Don percibió que el Señor estaba allí. Los hombres sacaron dos sillas de una pila cerca de la pared. Se sentaron en una esquina y comenzaron a hablar. Si hubiera habido algo que Don hubiera aprendido a través de los años como pastor era que Dios le da una prioridad más alta a las relaciones que hacen sus hijos.

Don se sorprendió de cómo los problemas entre ellos parecían mucho menos significativos de lo que parecieron años antes. Don escribió este testimonio:

Mientras hablaba con Checu, a quien el Señor utilizó de manera maravillosa en mi ausencia, nos dimos cuenta de que nuestros sentimientos hacia el otro habían cambiado. Toda la hostilidad se había acabado. Nos sentamos apenas a unos metros del escenario donde se erigió una tumba vacía. El significado no se había perdido en ninguno de nosotros mientras inclinamos nuestra cabeza y oramos. Juntos le pedimos a Dios nuevas misericordias, y las recibimos en ese salón de arriba. Cuando terminamos, nos abrazamos, intercambiamos direcciones de correo electrónico y luego salimos juntos a la luz del sol. En la luz brillante, reflexioné en cómo Dios me tendió una bella trampa. Me llamó a diez mil kilómetros de distancia de casa para enmendar una relación rota.

Don pensaba que la relación con su antiguo arrendador era irreparable. Lo había olvidado y se había mudado a miles de kilómetros de distancia. Dios, en cambio, quería que sus dos hijos se liberaran de la carga de falta de perdón.

El vecino nada amigable

A Joanie le encantaba sacar a caminar a su perro todas las mañanas antes de irse al trabajo. Era un tiempo especial para ella saludar la mañana y pasar tiempo con su esposo. Su perro, Bud, fue un perro de rescate. También ansiaba las caminatas de la mañana. Bud esperaba cerca de la puerta, agitaba su cola, casi sin poder estar quieto mientras Joanie abrochaba su correa a su collar brillante.

Una mañana, cuando Joanie y Ed caminaban, pasaron por la casa de un vecino, un perro agresivo salió y la quiso atacar desde la entrada de la casa. Joanie corrió hacia el medio de la calle. El perro llegó a toda velocidad. Mientras Ed se quedó parado con un silencio de conmoción, Bud asumió la pelea. Parado en frente de Joanie, Bud gruñía. Pronto los perros comenzaron a pelearse de manera encarnizada. Joanie trató de soltar a Bud, pero era demasiado fuerte. Ella cayó al suelo y se extendió en el asfalto.

El vecino comenzó a gritarle tanto a Joanie como a su perro. Les gritó palabras impropias. Joanie esperó por más de un minuto tirada en la calle. El perro enojado se retiró y Joanie se levantó. Joanie estaba llorando tanto que no podía hablar mientras daba la vuelta para alejarse.

—¿Qué cree que estaba haciendo, mujer loca? —le gritó el vecino por detrás.

Joanie le respondió gritando, con el cuerpo temblando por el enojo y el impacto.

—¿Qué estaba haciendo? ¡Algo anda mal con usted!

¡Joanie estaba molesta! Estaba enojada con su vecino. Estaba enojada con su esposo que seguía tratando de aliviarle su enojo. Quería llamar a la policía. Su esposo la disuadió.

—Cariño, en realidad hay algo malo en él. Creo que es un alcohólico. Lo he visto antes. ¿Por qué no lo perdonas y lo dejas pasar?

Entonces, Joanie sintió que su esposo la había traicionado también.

Apenas unos meses después, Joanie pasó por la misma casa en su ritual matutino con Bud. El perro del vecino volvió a salir para atacarlos de nuevo. Joanie saltó y cruzó hacia el otro lado de la calle. El perro le ladró a Bud. Esta vez, Bud estaba preparado y repelió al perro amenazante. Joanie estaba impactada.

El vecino observó riéndose e hizo un gesto ofensivo con su mano.

Enfurecida, Joanie le relató la dura experiencia a su esposo. Le exigió a Ed que hiciera algo. Ed fue a la casa del vecino y trató de razonar con él. El encuentro no terminó bien.

Joanie eligió una ruta nueva para sus caminatas de la mañana, pero todavía tenía que pasar por la casa del vecino en auto cuando iba y volvía del trabajo. Cada vez que lo hacía, sentía que la ira surgía en ella.

Dos años más tarde, cuando Ed y ella se preparaban para irse a dormir en la noche, sonó el timbre de la puerta. Ed abrió la puerta. Era el vecino que quería disculparse con Joanie. Ella se negó a perdonarlo. Es más, se negó a acercarse a la puerta. «Dile que se vaya; no me interesa», le gritó a Ed, que estaba parado incómodamente junto a la puerta abierta.

A los pocos días, el vecino vio a Joanie sola en su portal del frente, y le pidió formalmente que lo perdonara. Joanie se dio cuenta de que su Biblia estaba visible en la mesa que tenía al lado. En secreto, oró para que él no la viera. No había manera de que perdonara a ese hombre.

Levantó el periódico y se cubrió el rostro. «No lo veo, así como usted no me vio tirada impotente en la calle cuando nuestros perros peleaban».

Él intentó disculparse otra vez. Joanie seguía sin darse por enterada de lo que decía, deseando en silencio que se fuera. Cuando oyó que sus pasos se alejaban, bajó el periódico. Vio su Biblia en la mesa que tenía al lado. Era una convicción clara y visible de sus actos. «Ay, Dios», oró, «por favor, no le digas que soy cristiana. Es posible que tú lo perdones, pero yo no puedo».

Unas semanas después, Joanie se fue con unos compañeros cristianos a una conferencia cristiana. Asistió a un taller especial sobre el ministerio con niños. Durante la clase, exhibieron un avance de cinco minutos de un nuevo vídeo para niños acerca del perdón. En los dibujos animados, un gato tenía un tentador ratón sobre la boca de otro gato. El ratoncito temblaba y se estremecía de miedo. «Ay», pensó Joanie, «qué horrible».

Joanie sintió que el Señor le hablaba a su corazón. «Joanie, eres igual a ese gato. Estás torturando a otra alma humana al negarte a perdonar a tu vecino. Tienes que decirle a tu vecino que lo perdonas». Joanie se echó a llorar. Oró y le pidió a Dios que la ayudara a perdonar.

Cuando Joanie regresó a casa, le contó a su esposo la historia del gato y el ratón y lo que le dijo el Señor. Ed se sintió aliviado. Se sentía muy mal por el vecino y estaba decepcionado con el comportamiento de Joanie.

Un día después, Joanie tuvo la oportunidad de poner en práctica la lección que le dio el Señor. Estaba sentada en su portal cuando el vecino vino para intentar otra disculpa. Joanie se puso visiblemente tensa. «Señor, no tan pronto. ¿No puedo tener un poco más de tiempo?», suplicó en silencio.

El vecino le pidió perdón a Joanie por la manera en que actuó y por lo que hizo. Joanie le dio un perdón muy rígido. El vecino le preguntó si podían darse un abrazo. Ella se levantó con lentitud. Toda la idea de un abrazo le repugnaba. Joanie se paró con rigidez y dejó que su vecino la rodeara con sus brazos. Esperó que se acabara la difícil experiencia. Él le apretó los brazos con suavidad. Se volteó y se dirigió hacia la acera.

Allí fue cuando todo le impactó a Joanie. «¡Espere, Joe!», gritó detrás de él. Joanie corrió desde el portal y lo abrazó. «Lo perdono. Lo perdono», gritó. «Soy una pecadora más grande que usted. Por favor, perdóneme».

Las lágrimas corrían por el rostro de Joe. Casi no podía hablar. Asintió con su cabeza mientras estaban parados frente a frente en el césped del frente de la casa de Joanie.

Joanie saboreó la dulce liberación que sintió en su cuerpo. El perdón se sentía bien. Se sentía muy bien. Era libre.

Unos días después, Joe volvió a pasar. Esta vez Joanie estaba contenta de que su Biblia estuviera visible en la mesa a su lado y de tener un libro cristiano en sus manos. Le ayudaron a testificar de su fe al decirle: «Joe, ¿sabe qué estoy leyendo ahora mismo?». Joe miró el libro que ella entonces levantó. Era un libro de devocionales de un pastor muy conocido.

«El autor habla de cómo Dios nos ha perdonado por todos nuestros pecados y ofensas porque su Hijo, Jesús, pagó por ellos en la cruz. ¿Sabe qué significa eso? Significa que usted y yo somos perdonados por todas las cosas malas que hemos hecho, si decidimos confiar en Jesús».

Joe se veía incómodo, pero oyó. Joanie le contó brevemente su testimonio. «No soy perfecta. Todavía me equivoco. Jesús me muestra todos los días cuánto lo necesito».

Su vecino la miró con entendimiento mientras ella continuó. «Ninguno de nosotros es perfecto. Todos vamos progresando».

Ahora, Joe pasa a menudo por su casa. Ed y Joanie siguen testificándole a su vecino del amor de Jesús con palabras y acciones.

Todas estas historias refuerzan la realidad de que el perdón no siempre es una decisión fácil, pero es la decisión adecuada. A veces, esa decisión tiene que ejercerse una y otra vez hacia la misma persona. El perdón como actitud, forma de pensar y perspectiva del corazón es una decisión que debemos tomar hacia cada persona que nos ofende. Debemos hacer eso porque «Dios los perdonó a ustedes en Cristo» (Efesios 4:32).

Preguntas para el estudio y la reflexión personal

1. Lee Lucas 17:3-4. ¿Cómo te ministran estos versículos en cuanto al perdón?

2. ¿Por cuáles ofensas te es más difícil perdonar a otros?

3. ¿Cómo ves que la falta de perdón es un detrimento para tu relación con otros?

4. Enumera algunas maneras en las que puedas incorporar la práctica del perdón en tu rutina diaria.

5. ¿Por qué quieres perdonar a otros?

Oración

Querido Señor:

Gracias por enseñarme a perdonar a amigos,
extraños y seres amados. Dame un mayor sentido
de compasión hacia otros y un corazón que esté
dispuesto a dar los pasos necesarios para perdonar
y ser libre. Cada vez que me enfrento a las faltas
y los pecados de otra persona, me acuerdo de lo
humana y falible que soy. Cuando surjan los
pensamientos negativos de mi vida y pasado,
ayúdame a perdonarme a mí misma
y a crecer en un espíritu de gracia.
En el nombre de Jesús, amén.

Capítulo 13

VIVAMOS UNA HISTORIA DE VICTORIA

¿Alguna vez has pensado en tu vida como una historia que escribe Dios? Todos sabemos que las historias más grandes presentan pruebas, desafíos y numerosos peligros que tiene que vencer la protagonista. Las adversidades que la heroína enfrenta solo hacen que se gane nuestro corazón. Si nuestra heroína se vuelve amargada por las circunstancias, perdemos la simpatía. En cambio, si decide perdonar a sus adversarios y salir adelante en cada dificultad con gracia, animamos cada paso que da. Y cuando vemos que se transforma mediante esa perseverancia, nos inspira a hacer lo mismo.

Tú eres la heroína de tu propia historia. Y cuando caminas en el perdón de Dios, lo haces y lo vives en una historia de gran victoria.

Hemos avanzado mucho en este camino juntas. Hemos explorado lo que se requiere para perdonar, cómo perdonar y hasta los malentendidos que pueden impedirnos el perdón si no basamos nuestra vida y nuestras decisiones en las verdades de Dios.

Como mencioné antes, el perdón es un proceso constante. A veces no solo tenemos que seguir perdonando a la misma persona una y otra vez, sino que también nos encontramos con situaciones, heridas nuevas y gente a quien perdonar. La historia sigue. Y para que sea una historia de victoria, tendrás que estar alerta para proteger tu corazón de la falta de perdón.

El apóstol Pedro les advierte a los creyentes: «Sean prudentes y manténganse atentos, porque su enemigo es el diablo, y él anda como un león rugiente, buscando a quien devorar. Pero ustedes, manténganse firmes y háganle frente. Sepan que en todo el mundo sus hermanos están enfrentando los mismos sufrimientos» (1 Pedro 5:8-9). Satanás está allí, y quiere devorar cristianos a través de la falta de perdón. Satanás conoce el control poderoso que la falta de perdón tiene en nuestro corazón. Sabe cómo la falta de perdón puede distorsionar cada circunstancia con matices mortales. Sabe que la falta de perdón puede hacer que un creyente sea ineficiente por completo para la victoria espiritual. Sabe que la falta de perdón no solo aterrorizará al que la tiene, sino a todos los que llegan a tener contacto con ella.

En 2 Corintios 2:10-11, Pablo insta a los creyentes corintios a perdonar para que Satanás no se aproveche de ellos: «pues conocemos sus malignas intenciones». Enfrentémoslo; la falta de perdón es una de las armas más grandes en contra de los cristianos.

Mi oración es para que este capítulo te inspire y te prepare para tu nueva vida de perdón. Examinaremos la Palabra de Dios y veremos las historias de mujeres que han decidido ser victoriosas. Juntas, podemos sacar fuerza y estímulo para nuestros viajes constantes.

¿No es emocionante darte cuenta de que tu historia también se está creando para estimular a otras? Tu camino como una mujer que decide perdonar es un ejemplo de lo que es esperar y descansar en la fortaleza, la gracia, la transformación y la victoria de Dios.

¿Serás una víctima o una vencedora?

La actitud que con más frecuencia influye en ti para que seas víctima y no vencedora es la actitud de culpar a otro. Cuando culpamos a otros por la frustración de nuestros planes o sueños, es hora de examinar y de proteger nuestro corazón. Hace poco, conducía con mi madre hacia la iglesia. Estábamos retrasadas y yo iba un poco más rápido de lo necesario cuando un auto dio un viraje justo delante de mí y me obligó a frenar y a disminuir la velocidad. El auto siguió metiéndoseme delante, y me obligó a reducir la velocidad al mínimo. Mi madre estaba molesta por la tardanza y dijo: «¿Crees que el diablo está en ese auto tratando de hacernos llegar tarde a la iglesia?».

Acababa de hacer la pregunta cuando vimos a un policía en su motocicleta con su pistola de radar apuntándonos justo a nosotras para revisar nuestra velocidad. Debido a que se nos había obligado a bajar la velocidad, no estábamos en peligro de que nos detuviera. Mamá en seguida se volteó hacia mí y dijo: «Bueno, ¿crees que hay un ángel en ese auto que impidió que nos pusieran una multa en nuestro camino a la iglesia?». Con cuánta rapidez cambió nuestra perspectiva de culpar al auto que se nos interpuso de hacernos llegar tarde, a bendecir al auto que evitó que nos pusieran una multa.

Para impedir que de rutina culpemos a otros por arruinar nuestros planes o arruinar nuestros sueños, es esencial ver a Dios como soberano de nuestras circunstancias y de las acciones de cada persona. Muchas veces Dios nos salva de una tragedia imprevista a través del cambio de nuestras circunstancias. Dios usará a la gente de diversas maneras a fin de mantenernos en el camino que conduce a la revelación de las obras de Dios.

No culpes a otros por las circunstancias frustradas. Niégate a ser la víctima de tus circunstancias o de cualquier persona. Eso fue lo que hizo Pablo.

Cuando Pablo estaba en la cárcel, no quiso culpar a nadie por su encarcelamiento. En las epístolas que escribió desde la prisión, se refirió a sí mismo como «preso por causa de Cristo Jesús». Aunque es evidente que Pablo podría haber culpado a los inescrupulosos líderes judíos de Jerusalén por incitar una revuelta en su contra, o a las corruptas autoridades romanas de Cesarea por negarse a liberarlo, no escogió ninguna de esas cosas. En su lugar, eligió una perspectiva más alta. Decidió verse a sí mismo en la poderosa mano de Dios. Desde esa perspectiva divina, Pablo pudo ver a Dios que obraba de un sinnúmero de formas. En la epístola de Pablo a los filipenses, les explicó a los filipenses todas las grandes cosas que Dios estaba haciendo mediante su encarcelamiento. En Filipenses 1:12, dijo que el evangelio se estaba expandiendo. En Filipenses 1:13, testificó que el evangelio se escuchó «en todo el pretorio». En Filipenses 1:14, Pablo habló de los hermanos en Cristo que se sintieron alentados por las cadenas de Pablo para «hablar la palabra sin temor».

Pablo no practicaba el optimismo divino. Más bien, Pablo veía sus circunstancias a través de los ojos de los planes con propósito de Dios.

La gloria de Dios revelada

¿Culpas a alguien o a algo por tus decepciones? ¡Detente! Estás en un territorio peligroso. Más bien, entrégale a Dios tus decepciones, heridas y dificultades. Pídele a Dios que revele su gloria en ellas. ¡Eso fue lo que hizo mi amiga Anita!

Anita solo tenía veintiocho años cuando le diagnosticaron un cáncer de mama agresivo. Cuando el médico entró con el diagnóstico, Anita levantó sus brazos hacia Dios y dijo: «Señor, usa mi cáncer para tu gloria».

Antes de que Anita cumpliera treinta años, se enteró que tenía cáncer de ovario. Su histerectomía destruyó su sueño de ser madre. Después tuvieron que retirarle nódulos linfáticos y Anita tenía que usar vendajes elásticos para mantener la inflamación de sus brazos y piernas al mínimo. Vi a Anita soportar una operación tras otra, un procedimiento tras otro y una adversidad tras otra. Aun así, durante toda su experiencia difícil, siempre sonrió y testificó que su cáncer era el regalo de Dios para mostrar su gloria y testificarles a otros del evangelio.

Anita llevó a Jesús a varios pacientes de cáncer, cuando tenía sesiones de quimioterapia con ellos. A menudo, las enfermeras del hospital le pedían que orara por otro paciente que batallaba con aceptar su cáncer. Anita siempre estaba lista y aprovechaba cada oportunidad que se le daba.

Por más de treinta años, Anita permitió que Dios usara su cáncer para su gloria. En su funeral, la iglesia estaba llena de personas que testificaron de la gloria que Anita mostró durante su experiencia difícil. Estoy segura de que cuando llegó al cielo, le abrieron las puertas de par en par y le colocaron en la cabeza una corona gloriosa. Anita nunca fue una víctima del cáncer. Caminó en victoria y ahora lleva puesta una corona de victoria.

Dios por encima de todo

A decir verdad, tú decides si vas a estar por encima de tus circunstancias o debajo de las mismas. Cuando invitas a Dios a tu experiencia difícil, Él revela su gloria. Cuando crees y practicas la creencia de que Dios es más poderoso que cualquier prueba o dificultad que experimentes, disfrutarás su protección y consuelo de maneras nuevas y transformadoras.

No sé tú, pero yo detesto sentirme como una víctima. La Biblia me asegura en Romanos 8:31-39 que por medio de Jesús soy más que vencedora.

> ¿Qué más podemos decir? Que si Dios está a nuestro favor, nadie podrá estar en contra de nosotros. El que no escatimó ni a su propio Hijo, sino que lo entregó por todos nosotros, ¿cómo no nos dará también con él todas las cosas? ¿Quién acusará a los escogidos de Dios? Dios es el que justifica. ¿Quién es el que condenará? Cristo es el que murió; más aun, el que también resucitó, el que además está a la derecha de Dios e intercede por nosotros. ¿Qué podrá separarnos del amor de Cristo? ¿Tribulación, angustia, persecución,

hambre, desnudez, peligro, espada? Como está escrito:
«Por causa de ti siempre nos llevan a la muerte,
Somos contados como ovejas de matadero.» Sin
embargo, en todo esto somos más que vencedores por
medio de aquel que nos amó. Por lo cual estoy seguro
de que ni la muerte, ni la vida, ni los ángeles, ni los
principados, ni las potestades, ni lo presente, ni lo por
venir, ni lo alto, ni lo profundo, ni ninguna otra cosa
creada nos podrá separar del amor que Dios nos ha
mostrado en Cristo Jesús nuestro Señor.

Si tenías cualquier duda acerca de tu condición, espero que
ahora lo sepas: *eres* una vencedora. La cruz fue la gran victoria en
contra del mal. Jesús nos aseguró la victoria, por lo que la gente ni
las circunstancias deben aterrarnos, tiranizarnos, ni oprimirnos.

Enfócate en el perdón

Nuestro enfoque está en donde dirigimos nuestro corazón,
nuestra mente, nuestros pensamientos y nuestras acciones. Podemos ser buenas para hablar del perdón, pero si no decidimos
perdonar con cada parte de nuestro ser, nos apartaremos del
camino. Llegaremos a estar distraídas e inseguras.

Cuando nos enfocamos en el triunfo de Jesucristo por nosotras sobre cada autoridad en el cielo y en la tierra, nos trans-
formamos en mujeres victoriosas que saben que cada persona,
circunstancia y dificultad se convierte en material para la gloria
de Dios antes que en enemigos para nuestra desaparición. Dios
convertirá cada tragedia en triunfo, como lo afirma Pablo en
2 Corintios 2:14: «Gracias a Dios, que en Cristo Jesús siempre
nos hace salir triunfantes, y que por medio de nosotros manifiesta en todas partes el aroma de su conocimiento».

Julia recuerda las ideas románticas que tuviera una vez en
cuanto a su primer esposo, Paul. Se había enterado del joven
soldado elegante con sus amigas del trabajo. Paul era apuesto y

Julia estaba enamorada del amor. En su primera cita, fueron a montar caballo, y Julia, con su bella voz, cantó la letra alegre de «Ramona».

Las ilusiones románticas desaparecieron con rapidez después que Julia se casó con Paul. Era abusivo, violento y tenía un lado muy peligroso. Ninguna cantidad de amor, comprensión ni cooperación por parte de Julia podía apaciguar su malevolencia. Además de ser abusivo con Julia, Paul también tenía problemas constantes con la ley.

Julia no sabía qué hacer, y estaba más preocupada por el bienestar de su hijo que del suyo. Buscó a un sacerdote jesuita para que la aconsejara. Sabía que las cosas estaban muy mal cuando le dijo que absolviera el matrimonio y que se alejara de Paul.

El único respiro de Julia con Paul fue cuando lo encarcelaron. Se sentía quebrantada y agotada. Era un sentimiento que conocía bien de una historia de conflictos, pérdidas y sufrimientos. Cuando tenía nueve años de edad, perdió a su mejor amiga. Cuando tenía dieciocho años, murió su amada hermana. En sus veintitantos años, le tuvieron que practicar una histerectomía. Años después, su hermano murió en una inundación.

Había mucho dolor en Julia. Sabía que tenía que seguir adelante con la vida y hacerlo de maneras saludables. Cuando encarcelaron a Paul, Julia procuró el divorcio. Se mudó a otra ciudad y trabajó como cajera en una tienda de comestibles. Se esforzaba mucho a fin de hacer un buen trabajo y ser una empleada valiosa.

Con el tiempo, Julia conoció a un hombre maravilloso que era viudo y tenía un hijo de su primer matrimonio. Phil y Julia se casaron pronto y combinaron sus dos familias. Julia siguió trabajando en el mercado, pero estaba disponible para ayudar a Phil con los registros y la contabilidad del nuevo negocio que había iniciado.

Alrededor de esa época, Paul salió de la cárcel. La llamó e hizo planes para almorzar con ella. Argumentó que quería hacer arreglos para visitar a su hijo. Paul llegó para reunirse con Julia en su tienda. Permaneció alrededor de los pasillos y observó la actividad de los empleados de la tienda.

—¿Qué harías si yo asaltara la tienda? —le preguntó Paul durante el almuerzo.

—Daría parte a la policía —le respondió Julia sin vacilar.

Paul sonrió.

—¿Y si te pusiera una pistola en la cabeza?

—Me aseguraría con mi última respiración de que fueras a la cárcel —le dijo Julia con decisión.

Paul se rio.

Una semana después, robaron una tienda hermana. Julia tuvo sospechas. Era extrañamente similar al robo del que Paul le dio indicios en el almuerzo. Julia fue a la policía. La policía no confió en Julia de inmediato. Se investigó a Paul. La policía pronto descubrió que fue el hombre armado que asaltó el mercado. Tan pronto como ficharon a Paul, Julia estuvo bajo investigación como una posible cómplice. Sin embargo, su supervisor testificó de la desconfianza de Julia en Paul y de su integridad como persona y empleada. La investigación se retiró y ella siguió trabajando.

Años después de salir de esa época emocionalmente difícil, Phil y Julia conocieron a un hombre que estaba en la ciudad para predicar en un parqueo de casas rodantes, cerca de ellos. Estaban impresionados por su comportamiento franco y amigable. Cuando Julia vio un anuncio de la reunión de fe del predicador, convenció a Phil para que la acompañara esa noche. Cuando estaban en la actividad, se conmovieron con la invitación de entregar sus vidas a Jesús. Tanto Phil como Julia se convirtieron en cristianos esa noche.

Una de las primeras cosas que Dios puso en el corazón de Julia fue la necesidad de perdonar. Julia estaba tan emocionada por su recién encontrada relación con el Señor que estaba dispuesta a darle a Dios cualquier cosa que le pidiera. Incluso estaba emocionada por la posibilidad de tener algo que darle a Jesús que Él quisiera. Decidió perdonar a todos los que la hubieran lastimado o dañado, incluso a Paul.

Entonces, un día, casi veinte años después que decidiera perdonar a Paul, él le escribió una carta para disculparse por el daño y el dolor que le causó en su vida. Julia se conmovió y comenzó a orar por él.

Por aquel entonces, Julia y Paul tenían más de ochenta años. Julia contempló qué final más maravilloso fue la disculpa de Paul para la larga saga de sufrimiento y triunfo. Sin embargo, no era el fin de la historia en absoluto. Todavía había más capítulos que escribir.

Paul la llamó justo hace algunas semanas y quería saber cuándo y por qué se convirtió en cristiana. Julia pudo explicarle todo a Paul. Antes de colgar el teléfono, le preguntó:

—Paul, ¿quieres ser cristiano?

Julia se emocionó al oír la respuesta de Paul:

—Es posible.

—Bueno —respondió ella—, será mejor que lo hagas pronto. ¡Es posible que no te quede mucho tiempo para pensarlo!

Lo que alguna vez fuera un cuento trágico para Julia se convirtió en una saga épica de victoria. Si Julia no hubiera tomado la decisión de perdonar mucho antes en su vida cristiana, su historia habría terminado de una manera muy distinta.

Algunas personas frustran la historia de sus vidas. Cierran el libro cuando solo se ha escrito la mitad de la historia. En 2 Corintios 3:2, el apóstol Pablo escribe: «Nuestras cartas son ustedes mismos, y fueron escritas en nuestro corazón, y son conocidas y leídas por todos».

Si detienes tu historia en medio de la adversidad, si el ofensor es capaz de seguir oprimiéndote en lo emocional o si te aferras a la falta de perdón, no habrá más capítulos que escribir. No habrá un fin edificante. Cuando decidimos perdonar, optamos por mantener nuestra historia de fe viva y eterna.

Una historia de redención

La vida de Cara es una de esas que podría haber terminado en derrota. En cambio, es una historia de transformación y de la victoria que se encuentra en el perdón.

Al crecer en un hogar no cristiano en Inglaterra, Cara nunca había entendido el concepto del perdón. Más tarde, cuando era una mujer joven, se convirtió en cristiana y leía su Biblia todos los días. Una mañana, se encontró por casualidad con Mateo 6:14-15: «Si ustedes perdonan a los otros sus ofensas, también su Padre celestial los perdonará a ustedes. Pero si ustedes no perdonan a los otros sus ofensas, tampoco el Padre de ustedes les perdonará sus ofensas».

Cara supo y agradeció que, en el momento que recibió a Jesús en su corazón, Dios le perdonara todas las cosas malas que había hecho. Estaba agradecida porque Dios seguía perdonando cada pecado que le confesaba. Sin embargo, el concepto de perdonar a otros le resultaba nuevo. Buscó a Dios y le preguntó: «Señor, ¿hay alguien a quien tenga que perdonar?».

Al instante, la respuesta le llegó a Cara. Tenía que perdonar a su padre. ¿A su padre? Su padre la violó, la maltrató y la dejó con pensamientos suicidas. Dios no permitiría que algo oculto en lo profundo de su pasado echara a perder su futuro. Dios quería que Cara caminara en libertad y victoria. El perdón le llegó de manera espontánea. Fue un paso de fe natural y liberador. ¡Su padre y la libertad estaban a solo una llamada telefónica de distancia! Cara decidió perdonar a su padre y caminar hacia delante en victoria.

La madre de Cara, Gladys, batallaba en entender lo que hizo Cara. Gladys no podía perdonar a su exesposo. Se sintió traicionada cuando Cara lo hizo. En cuanto Cara se enteró de que su madre se estaba muriendo, volvió a Inglaterra para estar a su lado. Le cepillaba el cabello a su madre, le frotaba su espalda dolorida y le hacía té y sándwiches.

Los últimos días de la vida de Gladys pasaban con rapidez. Cara podía decir que había algo en la mente de su madre. Gladys necesitaba dar algo por terminado antes de morir. Cuando estaban sentadas comiendo postre, Gladys dijo de repente:

—Entiendo que le has hablado a tu padre.

—¿Sí? —respondió Cara. Era más una pregunta que una respuesta.

Reuniendo cada pizca de fuerza que le quedaba en su cuerpo débil, Gladys asumió un tono de autoridad y demandó:

—¿Por qué?

Gladys se divorció del padre de Cara cuando se enteró del abuso sexual. Lo había detestado por la forma en que la traicionó y violó a sus hijos. En lo que respecta a Gladys, les arruinó la vida a todos. Su odio era profundo.

Cara le explicó que a pesar de lo que le sucedió y los errores que ella misma había cometido, su vida estaba lejos de estar arruinada. Había encontrado paz, libertad, amor y propósito en Jesús. Por lo general, la mención de Jesús llevaba a Gladys a la ira. Ahora escuchaba, esperando entender la razón del perdón injustificado de su hija.

Cara le explicó cómo Jesús la perdonó. Sintió una dulce liberación cuando Jesús la perdonó. Quería que su padre también tuviera el mismo sentido de liberación. Entonces, por impulso de Dios, llamó a su padre y lo perdonó.

Un dolor profundo yacía bajo la superficie de las preguntas de Gladys.

—¿Por qué escribiste que no pudiste contarme acerca del abuso de tu padre debido a que no éramos tan cercanas? ¡Todavía tengo en la gaveta de mi tocador la carta que escribiste!

Cara se concentró. Tenía que remontarse a treinta años atrás. Su intención no fue lastimar a su madre, sino explicar por qué no quería contarle a su madre de la violación de su padre. Esa carta fue el punto decisivo en la vida de su madre. La carta de Cara hizo que Gladys terminara con el matrimonio.

Cara respiró profundamente.

—Madre, yo tenía veinte años y era muy inmadura cuando

escribí la carta. Ahora tengo cincuenta años y quiero que sepas que siempre has sido mi amiga.

Parecía que la carga de Gladys se había alivianado. Miró a su hija y con un lamento profundo en su voz dijo:

—Todos pudimos habernos mudado juntos a algún lugar. Yo era lo bastante joven como para haber comenzado de nuevo.

Cara y Gladys se quedaron calladas por un rato. Después de un momento, Gladys volvió a hablar, esta vez con un sollozo:

—Yo no sabía. Yo no sabía.

Cara tomó la mano de su mamá y la sostuvo.

—Lo sé, mamá. No fue tu culpa.

Cara quería aliviar cada pizca de la condena que su madre había llevado encima. Anhelaba que su madre fuera tan libre como ella.

—Papá era malo. Mi hermana y yo sabíamos lo que nos ocurría a las dos, pero no podíamos hablar de eso, incluso entre nosotras. Le teníamos mucho miedo. Solo a él debemos culpar, no a ti. Arreglé las cosas con él, pero si él no arregla las cosas con Dios, lo pagará. Se irá al infierno.

Gladys parecía reivindicada.

—¡Qué bueno! —dijo.

—Entonces, madre —dijo Cara tratando de suavizar el ambiente—, ¿tienes algunos buenos consejos para mí? Los últimos consejos son muy importantes.

Gladys sonrió. Una mirada traviesa le cruzó por el rostro.

—¡Sí, deja de ser esa loca por Jesús!

Cara se rio. Sabía que su madre pensaba que había perdido el juicio en los Estados Unidos cuando recibió la salvación.

El momento de despedirse llegó antes de lo que ambas esperaban. Cara abrazó a Gladys con fuerza. Le susurró al oído:

—Madre, no tienes que temerle a la muerte. Solo invoca el nombre de Jesús y me encontraré contigo otra vez en el cielo.

Cara había hecho todo lo que podía. Salió de la habitación y dejó a su madre en las manos hábiles de Dios.

En el vuelo de regreso a los Estados Unidos, Dios consoló el corazón de Cara con una promesa de Lucas 19:9-10: «Hoy ha venido la salvación a esta casa, ya que él también es hijo de Abraham; porque el Hijo del Hombre ha venido a buscar y a salvar lo que se había perdido» (LBLA). Cara recibió una dulce certeza del Señor de que vería a su madre otra vez y que su historia continuaría en la gloria sin que los dolores del pasado las volvieran a molestar.

La historia de Cara se escribe aún. Cada capítulo se pone mucho mejor.

Una última historia

Nadie hubiera pensado que Delaney tenía un testimonio tan fascinante. Es una mujer muy bien equilibrada, próspera y exitosa. Es educada, elocuente y mantiene una carrera de éxito. Delaney está casada con un maravilloso hombre cristiano y tienen tres niños muy amados e inteligentes. Nada de la vida actual de Delaney ni de su comportamiento da indicios del rechazo y de la depresión que sobrevivió en la primera parte de su vida. De lo que yo y los demás no tenemos idea es de un pasado de dolor y abuso. Y lo peor de todo es que las heridas profundas las ocasionó la persona que tenía que haberla amado más: su madre.

Cuando Delaney nació, su madre y su padre estaban convencidos de que el hospital les entregó la niña equivocada. Delaney no se parecía a sus hermanos. Solo después del nacimiento de su hermana, que se parecía mucho a ella, fue que su madre aceptó que Delaney era de veras su hija. Delaney recuerda que le presentó a su nueva hermanita diciéndole: «Bueno, creo que eres mi hija en realidad. Tu hermana se parece a ti, solo que ella es mucho más bonita. Tú eres muy fea».

Con comentarios frecuentes como ese, no es de extrañar que Delaney creciera sin sentirse amada y difícil de amar. El desprecio hacia ella aumentaba con cada dificultad que experimentaba su madre. Consideraba que había que culpar a Delaney por todo lo que salía mal. Según su madre, cuando el padre de Delaney dejó a su madre, fue por culpa de Delaney. Cuando su madre no podía pagar las cuentas, Delaney tenía la culpa de que estuvieran en bancarrota. Cuando su madre bebía demasiado, era culpa de Delaney que la impulsó a hacerlo.

El joven corazón de Delaney se destrozaba una y otra vez. No tenía un ejemplo de amor en su vida, hasta un fin de semana en que una familia de la cuadra la invitó a la iglesia. La joven Delaney se sentó en el santuario y escuchó embelesada el mensaje de que Dios la amaba. Cuando el ministro hizo el llamado al altar, corrió al frente sin vacilar y le entregó su vida a Jesús.

Sentir el amor de Jesús fue algo extraordinario para Delaney, pero los problemas en casa no disminuyeron y ella tenía que enfrentar el rechazo humano cada día. Su madre se negaba a dejarse impresionar con las calificaciones excelentes de Delaney, con los premios por ser buena ciudadana y por los logros extraordinarios en la escuela. Justo después de la graduación del instituto, le pidió a Delaney que se fuera de la casa con la amenaza de que si no se llevaba sus pertenencias en dos semanas, su madre las echaría a la calle.

Delaney se fue a vivir con una amiga, tenía dos trabajos y se mantuvo durante todo el tiempo en la universidad. Después de graduarse, encontró trabajo en una gran compañía e intentó dejar el pasado en el pasado. A pesar de todo, la crueldad de su madre la atormentaba. Delaney hizo el esfuerzo de tener una relación con su madre, pero la rechazaba, la criticaba y la insultaba en cualquier encuentro.

Delaney mantuvo su enfoque en el trabajo y le iba bien. Se le dio la responsabilidad de presentar a los nuevos empleados de la corporación. Así fue que conoció a Jim. Era amable y un buen hombre. Se hicieron buenos amigos. En ese entonces, ambos salían con otra persona, por lo que la amistad parecía segura y prudente para Delaney.

Lo cierto era que Delaney les temía a las relaciones, en especial a las que tenían el potencial de durar. Saboteaba cualquier relación que tuviera cuando llegaba a ser muy seria. En lo profundo de su corazón, no creía que alguien pudiera amarla en realidad. Sin embargo, cuando la amistad de Delaney y Jim siguió profundizándose, ambos tuvieron que admitir que estaban enamorados. Delaney hizo a un lado sus temores y ella y Jim se casaron.

La vida transcurrió bien por unos años. Jim siguió teniendo éxito en el trabajo, en tanto que Delaney se establecía felizmente como ama de casa y madre. No fue hasta que nació su primera hija que los problemas comenzaron a surgir en la mente de Delaney. Su completa adoración de su hija recién nacida hizo que surgieran preguntas importantes: ¿Por qué su madre no la había amado como ella amaba a su hija? ¿Qué había de malo en ella para que su propia madre no pudiera amarla?

Delaney buscó consejería, pero se dio cuenta de que de nada servía tratar de entender a su madre. Confundida y deprimida, Delaney no sabía a dónde ir. Durante sus batallas, su esposo oraba con fervor por su amada esposa. Un domingo por la mañana en la iglesia, el pastor de Delaney habló acerca del perdón. Delaney reconoció la esencia de su propia condición en su mensaje. Supo que tenía que perdonar a su madre.

Después del servicio, buscó al pastor. «¿Cómo puedo perdonar a mi madre?», le preguntó. Delaney no estaba lista para entrar en un relato detallado de lo mala que había sido su madre. No quería justificar los sentimientos que tenía en su corazón hacia ella. No. Quería liberarse de esos sentimientos.

El pastor fue compasivo. Percibió su dolor y desesperación. Con suavidad, le dijo: «Tienes que decidir perdonar. La voluntad y la acción seguirán a esa decisión. Dios te ayudará».

Delaney lloró mientras el pastor hablaba. Él le puso suavemente el brazo sobre el hombro y oró. Delaney decidió en ese momento perdonar a su madre. En oración, le entregó al Señor a su madre. No hubo una liberación inmediata, solo una decisión singular de perdonar.

La decisión de Delaney se probó al día siguiente. Un recuerdo perturbador le llegó a la mente. Recordó un incidente de la hostilidad de su madre. Por instinto, Delaney se encontró escribiéndolo en el registro de su mente. De repente se le ocurrió. Había estado manteniendo un registro escondido de todas las cosas crueles que su madre alguna vez le hubiera hecho o dicho. Con detalles sorprendentes, los recuerdos de la crueldad descarada de su madre hacia ella aparecieron en su mente. Delaney empezó a contar una ofensa tras otra. Oró: «Señor, ya no puedo darme el lujo de vivir bajo la tiranía de estos pensamientos. Por favor, libérame». Sintió una liberación dulce.

Un rato después, otro recuerdo del abuso de su madre le llegó a la mente. Delaney le entregó el pensamiento a Dios. Por un año, su decisión de perdonar fue probada, y cada día obtenía una libertad mayor de la falta de perdón. Un día se dio cuenta de que todo se había acabado. Por fin se sentía liberada. No solo era libre para perdonar, sino que era libre para no escatimar en afecto hacia sus hijos y su esposo sin temor ni duda.

Su pastor pudo ver el cambio en ella y le pidió que contara su testimonio en un programa de televisión. Delaney no podía creer que tendría el valor de narrar su historia, pero Dios le dio la fortaleza para continuar. Pudo contarle a una multitud de personas acerca de la liberación gloriosa que encontró al perdonar a su madre.

Ahora, Delaney sigue contando su historia. Ha ayudado a otras mujeres a liberarse del tormento de la falta de perdón. Delaney vive felizmente con su esposo adorado y sus tres hijos maravillosos. Ella y su esposo renunciaron a sus carreras de éxito para servir a tiempo completo en el ministerio. Su historia está lejos de haber terminado. A decir verdad, cada vez es más interesante.

¿Y qué me dices de ti? ¿Qué capítulo estás viviendo en la historia de tu vida?

Sigue tu camino en victoria

Este libro está lleno de historias de hombres y mujeres que decidieron perdonar. Las heridas, las lesiones y el sufrimiento en sus vidas se sustituyeron por la sanidad y la libertad cuando tomaron la decisión crucial de perdonar «a nuestros deudores».

Cada buen libro contiene un elemento de tragedia y sufrimiento. La calidad de la historia depende en cómo responde su protagonista a la adversidad. Las historias de este libro se están escribiendo aún. Cada una está lejos de terminar. Sin embargo, los que han decidido perdonar testificarán que cada capítulo se pone cada vez mejor.

Algunas personas tratan de detener el progreso de Dios en su historia en medio de un capítulo. Dejan que el resentimiento, la hostilidad y la ira interfieran con la historia más grande de Dios de sanidad y perdón. La historia de la persona que se niega a perdonar es una tragedia. No hay determinación ni un final feliz.

Dios quiere que tu historia sea una historia de victoria. Dios quiere ayudarte a vencer la adversidad, el dolor y las heridas que has soportado. Él quiere liberarte para que vivas la aventura de la vida. Jesús dijo en Juan 10:10: «El ladrón no viene sino para hurtar, matar y destruir; yo he venido para que tengan vida, y para que la tengan en abundancia». La falta de perdón es un ladrón que robará, matará y destruirá tu historia. Jesús desea que tu vida sea una aventura. Él quiere transformar cada tragedia en triunfo. Él quiere que experimentes la vida abundante que te da.

Que tu historia termine en triunfo o en derrota depende de que tomes la decisión de perdonar. ¡Es hora de avanzar hacia el camino de la victoria! Una vez que termines las preguntas para el estudio y la reflexión de este capítulo, dedica un tiempo para orar y trabajar en el «Plan de acción para el perdón», al final de este libro.

Preguntas para el estudio y la reflexión personal

1. ¿Dónde estás en tu historia de aprender a perdonar?

2. Si tuvieras que escribir tu historia ahora mismo, ¿cuál sería el final?

3. ¿Estás permitiendo que Dios escriba una historia nueva o estás tratando de aferrarte a la versión antigua de tu relato?

4. ¿Cuál es tu historia bíblica favorita? ¿Qué problemas enfrenta tu personaje bíblico favorito? ¿Cómo se vencieron esos desafíos?

5. ¿Qué te emociona más acerca de caminar en perdón y victoria?

Oración

Escritor de mi vida:

Gracias por la historia que estás creando a través de mi cada día. Cuando estoy desanimada por el dolor ocasionado por otros, o por las pruebas que enfrento, descansaré al saber que mi historia no está completa, se está desarrollando en tu tiempo y en tus manos amorosas. Ayúdame a darme la gracia para crecer y aprender, a fin de que no me desanime por las dudas ni por el monólogo interior. En su lugar, lléname de tu verdad y de tu Palabra para que pueda ser libre del dolor y de la prisión de la falta de perdón.

En el nombre de Jesús, amén.

UNA ORACIÓN PARA TI

Amiga, es un honor para mí orar por ti. Gracias por caminar a lo largo de esto conmigo. Dios permita que seas bendecida al avanzar en los pasos del perdón, de modo que puedas recibir los regalos de la libertad de Dios en tu vida. Cuando decidas perdonar a los demás, tu corazón y tu futuro se transformarán con el poder de su gracia y con su fortaleza.

Cheryl

Querido Señor:

Sé que mi hermana ha sentido dolor. No es fácil tomar la decisión de perdonar. El dolor se burla de ella y el miedo la controla. Señor, toma la mano de mi hermana ahora y dale la fortaleza para decidir perdonar. Deja que sienta la dulce liberación que llega al decidir perdonar. Libérala de todo el resentimiento, de la hostilidad y de los rencores que amenazan la belleza de la historia de su vida. ¡Guíala hacia el camino de gloria, amor y victoria!

Señor, tú decidiste perdonar. Además, ratificaste esa decisión con tu vida para que ella y yo pudiéramos recibir perdón. Permite que ella reciba por completo el poder de tu perdón, a fin de que sea capaz de perdonar a otros. Todo esto te lo pido en el nombre de Jesús. ¡Amén!

Plan de acción para el perdón

Fecha:

Para evitar que la falta de perdón obtenga el control de tu corazón, te animo a que vuelvas a esta sección del libro cada vez que sientas tensión entre ti y otra persona, cada vez que sientas el peso de la vergüenza, de culpar a otro, o del remordimiento, y cada vez que sientas la limitación de un corazón endurecido.

Ten cuidado con esta advertencia de Gálatas 5:1: «Manténganse, pues, firmes en la libertad con que Cristo nos hizo libres, y no se sometan otra vez al yugo de la esclavitud». Cualquiera que haya batallado para ser libre de la falta de perdón testificará que es un yugo pesado de esclavitud. Una vez que recibas la liberación, no te permitas enredarte en ella otra vez.

Recorre estos pasos para seguir tomando la decisión de perdonar.

Oración inicial

Señor:

Te entrego cada parte de mi vida para que mi historia pueda ser de fe, integridad, sanidad, inspiración y victoria. Buscaré tu dirección cuando perciba una división entre otros y yo, o una tensión en mis circunstancias. A medida que trabajo con estas medidas para proteger mi corazón, te pido que me reveles tu voluntad para cada día de mi vida. Te ruego que mi debilidad engrandezca tu fortaleza y que mi decisión diaria de perdonar a otros ilumine tu gloria por siempre. En el nombre de Jesús, amén.

Busca a Dios de inmediato

Proverbios 17:14 recomienda: «El comienzo de la contienda es como el soltar de las aguas; deja, pues, la riña antes de que empiece» (LBLA). Es mucho más fácil lidiar con la ira, el resentimiento y los sentimientos difíciles a su primera aparición. Si tienen la oportunidad de desarrollarse y de acumular poder, con el tiempo pasan circulando por tu vida, causando estragos y dejando un sendero de desechos en tus relaciones. Busca a Dios de inmediato, antes de que las primeras olas de sentimientos difíciles se conviertan en una inundación de sentimientos.

- ¿Qué asunto o problema está cobrando impulso en tu vida porque no te has ocupado de esto?

_____

_____

- ¿Cómo se relacionan el perdón o la falta del mismo con esta situación?

_____

_____

- ¿Cuál es el nuevo punto de conflicto que experimentas ahora con alguien en tu vida?

_____

_____

_____

- Ahora mismo, preséntale a Dios cualquier falta de perdón arraigada y los nuevos sentimientos de resentimiento. Escribe una oración para pedir su liberación y su guía.

_____

_____

_____

Está atenta

Cuando percibas la punzada persistente de resentimiento, malos sentimientos o pensamientos malignos acerca de alguien, preséntaselos a Dios. Recuerda que la falta de perdón siempre está al acecho en la sombra y quiere tener un lugar dominante en tu corazón. La falta de perdón es uno de los recursos de Satanás.

- ¿Qué emociones negativas has experimentado esta semana?

- ¿Cómo han influido estas emociones en tu actitud?

- Escribe una oración pidiéndole a Dios que te proteja en contra de cualquier actitud que lleve a la falta de perdón.

Reconoce a los culpables

Cuando te encuentres culpando a otros o sintiéndote como una víctima, somete tu corazón a Dios de inmediato. Pídele a Dios que llegue y limpie tu corazón. Toma tiempo para perdonar a la persona y descansa con la seguridad de Proverbios 3:5-6: «Confía en el Señor de todo corazón, y no te apoyes en tu propia prudencia. Reconócelo en todos tus caminos, y él enderezará tus sendas».

- Examina la última vez que culpaste a alguien o alguna circunstancia por la forma en que te sentías. ¿Cuándo ocurrió eso y cómo puedes verlo de una manera distinta?

- ¿Te identificas más ahora con una víctima o con una vencedora? ¿Por qué?

  _____

  _____

- ¿Hay alguna parte de tu corazón o de tu vida que no le hayas confiado a Dios? Enuméralas y deja de confiar en tu propia prudencia, a fin de que las verdades y los caminos de Dios se conviertan en conocidos para ti.

  _____

  _____

Mira «todas las cosas» de la mano de Dios

Es probable que sepas de memoria Romanos 8:28: «Sabemos que Dios dispone todas las cosas para el bien de los que lo aman, es decir, de los que él ha llamado de acuerdo a su propósito». Permite que Dios tenga las decepciones y las heridas de modo que las use para sus propósitos. Permite que Dios haga algo bello de tus circunstancias. Memoriza 1 Tesalonicenses 5:16-18: «Estén siempre gozosos. Oren sin cesar. Den gracias a Dios en todo, porque ésta es su voluntad para ustedes en Cristo Jesús». Permite que esto te recuerde las muchas bendiciones en tu vida y la mano de Dios en esas bendiciones.

- ¿En qué situaciones o aspecto de tu vida necesitas ver la obra o la mano de Dios?

  _____

  _____

- Reflexiona en 1 Tesalonicenses 5:16-18. Enumera tres cosas por las que estés agradecida, o situaciones en las que puedas ver la mano de Dios ahora mismo.

  _____

  _____

- ¿Cómo te hace sentir el darte cuenta de que si Dios todavía tiene el control de esos aspectos bendecidos, también tiene el control de los que son tus problemas actuales?

  _____

  _____

  _____

- Te llamaron de acuerdo al propósito de Dios. En oración, expresa tu deseo de entender este propósito y de caminar en él.

  _____

  _____

  _____

Recuerda tu identidad en Cristo

Eres vencedora en Cristo y por medio de Cristo. No tienes que estar bajo la tiranía de ninguna persona ni circunstancia. Pídele a Dios esa perspectiva divina en los acontecimientos actuales que suceden en tu vida.

- Vive hoy adoptando tu identidad en Cristo. Escribe tres cambios o giros que se llevan a cabo cuando haces eso.

  _____

  _____

  _____

- ¿A quién o qué te sientes incapaz de perdonar ahora mismo? Aborda la tarea dándote cuenta de que es en Dios, y a través de su fortaleza y poder, que se puede hacer esto.

  _____

  _____

  _____

Suéltalo

Me encanta la traducción de Efesios 4:26 de la Nueva Traducción Viviente: «Además, "no pequen al dejar que el enojo los controle". No permitan que el sol se ponga mientras siguen enojados"». Siempre es peligroso aferrarse al enojo. Es mejor deshacerse de él antes de que el día llegue a su fin. En oración, derrama tu corazón ante Dios. Entrégale tu enojo, y niégate a aferrarte a él.

- ¿Qué enojo tienes ahora del que necesites liberarte antes de que se acabe el día?

  _____

  _____

- Mañana, reflexiona en cómo se siente iniciar el día sin que ese enojo dicte tus pensamientos ni influya en tu corazón.

- ¿Cuáles son los motivos comunes de tu enojo? Anótalos y pasa tiempo en oración por estas situaciones o personas catalizadoras. Entrégaselas a Dios también y pídele una nueva manera de verlas y de caminar a través de ellas.

  _____

  _____

  _____

Oración final

Espero que estos pasos te lleven a la presencia de Dios y a su paz duradera cada día que los des. Escribe abajo una oración personal al Señor. Cuéntale lo que has descubierto al recorrer el plan de acción de hoy.

_____

_____

_____

_____

ACERCA DE LA AUTORA

Cheryl Brodersen ha servido a Jesús junto con su esposo, Brian, durante más de treinta años. Los Brodersen tienen cuatro hijos adultos y cuatro nietos encantadores. Cheryl es hija del pastor Chuck Smith de *Calvary Chapel* en Costa Mesa y de su hermosa esposa, Kay.

Cheryl es presentadora del programa *Today's Faith*, que se transmite en *HisChannel*, y presenta inspiradoras lecciones de fe y perspectivas en su sitio web graciouswords.com, donde una gran audiencia de lectores y oyentes disfrutan de su popular blog, programa de radio y *podcast*. En la actualidad, Cheryl enseña en el estudio bíblico para mujeres en *Calvary Chapel* de Costa Mesa. Ha dado clases a mujeres en la Escuela Bíblica de *Calvary Chapel*, así como enseña en seminarios, conferencias y retiros para mujeres.

La pasión de Cheryl por Jesús y su Palabra es evidente cuando habla. Su entusiasmo por las cosas de Dios es contagioso.

Visita a Cheryl en
www.facebook.com/CherylBrodersen
www.graciouswords.com
Ve o escucha a Cheryl en
www.HisChannel.com

Para saber más acerca de los libros de Cheryl Brodersen o para leer muestras de capítulos, entra a nuestra página web:
www.editorialunilit.com

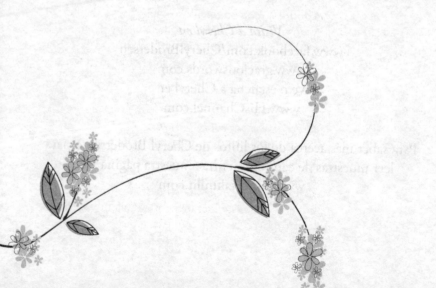

Cuando una mujer se libera de la mentira

La autora Cheryl Brodersen te inspira de manera que adoptes tu identidad al despojarte de las grandes mentiras: «No soy lo bastante buena». «Dios no es lo suficiente fuerte». «Tengo demasiados defectos para que Dios me use». La alentadora dirección bíblica y las inspiradoras ilustraciones te guiarán a la consoladora y absoluta verdad del poder, las promesas y las bendiciones de Dios para ti.

Cuando una mujer se libera del temor

El temor puede ser controlador y paralizante. Quieres confiar en Dios y experimentar la libertad de las garras del miedo, ¿pero cómo empezar? La maestra de la Biblia, Cheryl Brodersen, conocía este temor, pero Dios le habló a su corazón y la condujo a un maravilloso viaje hacia la libertad. Con compasión, ejemplos de la vida y perspectivas bíblicas, Cheryl te ayudará a encontrar la verdadera fe y la paz que vienen al dejar atrás el temor.

Crezcan juntos como pareja

Brian Brodersen, pastor principal de *Calvary Chapel* en Costa Mesa, y su esposa, la autora Cheryl Brodersen, extraen ejemplos de la Palabra de Dios y de la vida, a fin de mostrarte diez fundamentos bíblicos que te ayudarán a confiar, alentar, estimular y soportar a medida que aceptas la plenitud de la esperanza y el plan de Dios para el matrimonio.

NOTAS

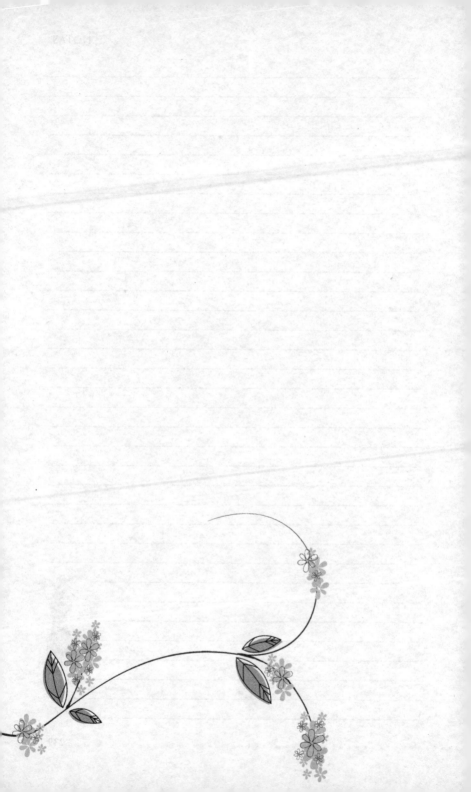